***Kei Taniguchi** (1972.7.14~2015.12.21)*

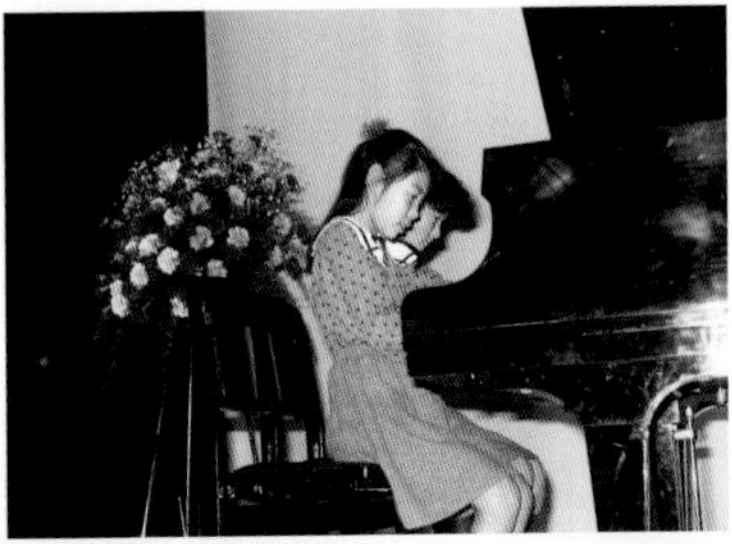
幼馴染の國部(旧姓・稲葉)りえ(右)とピアノの発表会で連弾。読書好きの女の子だった

自活していた大学時代は、休日に自転車の旅を繰り返した。日本だけでなく、モロッコやニュージーランドを回った

自分たちとは違う死生観に触れた沖縄の旅

女性だけのチームで
海外のアドベンチャーレース
に参戦

グァムのジャングルで読図をし、作戦を練る

中米コスタリカの森で夜間行動

長野・新潟で行なわれた総距離260キロのX-Adventureにも参戦

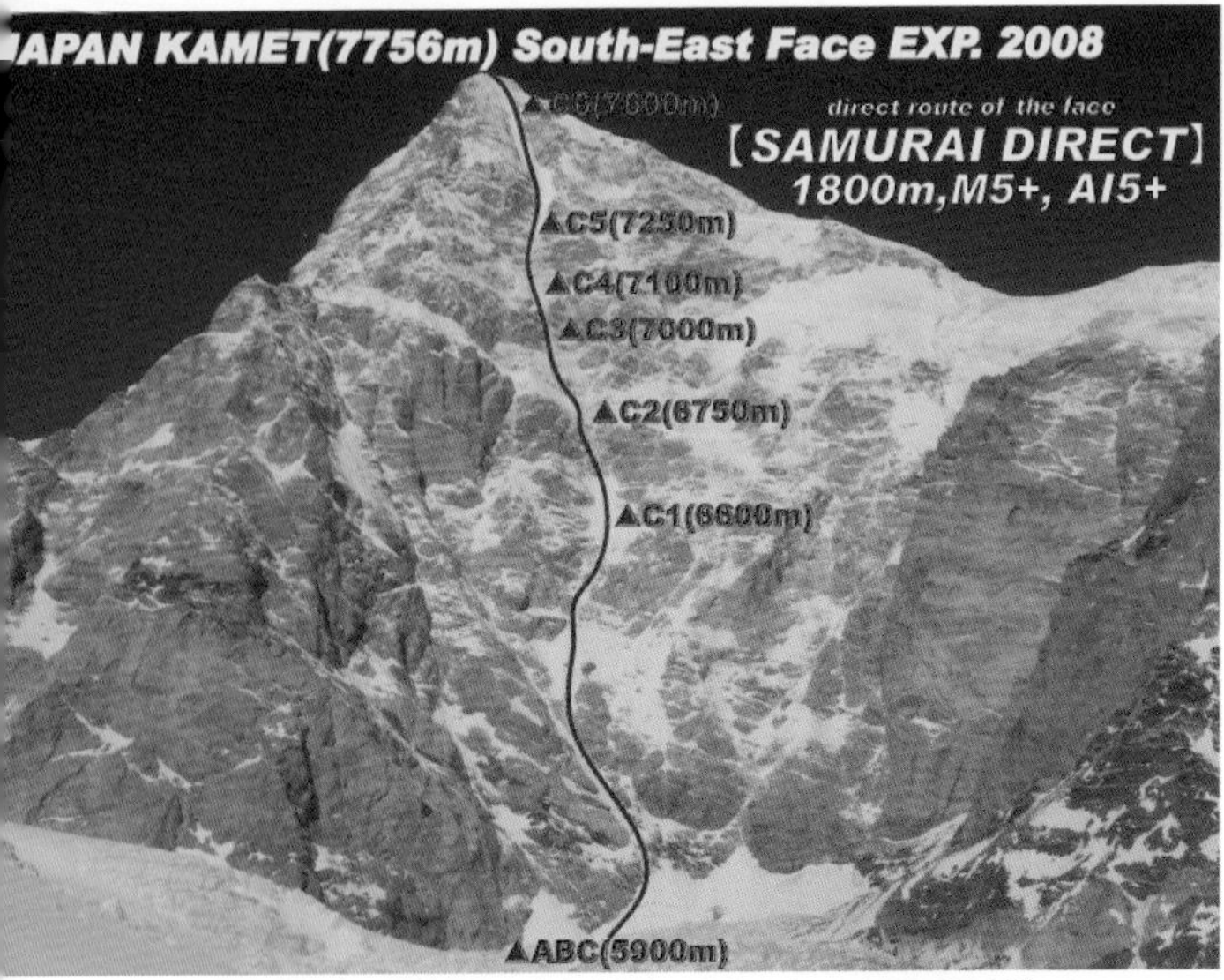

2008年、未踏のカメット(7756m)南東壁に、平出和也と2人でラインを引いた

この登攀記録により、2人はピオレドール賞を受賞。女性では世界初の受賞となった

カメット南東壁。隔絶された壁の中でけいが見ていたものは……

2004年、パキスタン、ライラ・ピーク（6096m）東壁新ルート初登攀

2011年、チベット、ナムナニ（7694m）南壁初登攀

2005年、インド、シブリン（6543m）北壁新ルート初登攀

「やってみなくてはわからない」。
その姿勢でいつも巨大な壁と向き合ってきた

2015年、ネパール、
パンドラ(6850m)東壁は
未完の作品となった

春の剱岳剱尾根を登る。この急峻な稜線のうえで新たな出会いがあった

スキーを使い、これからさらに
世界を広げていくつもりだった

高い登攀技術で、壁というキャンバスに、
自分のラインを引き続けてきた

人との出会いをいつも楽しんでいた。「私は山を登る旅人」とも語っていた

ヤマケイ文庫

太陽のかけら

アルパインクライマー 谷口けいの軌跡

Oishi Akihiro 大石明弘

Yamakei Library

目次

はじめに……14

第1章　クリスマスイブに
二度の別れ……20
エベレスト清掃登山……34

第2章　アドベンチャーレース
大和撫子旋風……48
コスタリカへ……51

第3章　はじめてのヒマラヤ登頂
ゴールデン・ピーク……60
連続登頂……71

第4章　小・中学校時代

本の世界へ …… 80
ホームメイキング部 …… 92

第5章 極限の壁から八〇〇〇《メートル》峰へ

ドラゴン・リッジ …… 100
極限のシブリン …… 107
登頂五〇周年のマナスル …… 118
エベレスト無酸素登頂への挑戦 …… 132

第6章 アメリカ留学

高校二年の夏、北海道へ …… 150
アメリカ留学 …… 157

第7章 女性初のピオレドール賞

未踏のカメット南東壁 …… 168
What's next? …… 175

第8章　自転車と文学と山と
明治大学サイクリスツツーリングクラブ……186
『かもめのジョナサン』……202
怒濤の国内登攀……213

第9章　さらなる難壁へ
未知のガウリシャンカール……228
アラスカ追悼登山……233
自己表現としての登山……247
新しい出会い……253
「自分に負けたくない」……260

第10章　新たなる旅
氷河と本と音楽と……274
学生とムスタンへ……279
「植村直己冒険賞」辞退……287

第11章　パンドラ

開けてしまったパンドラの箱……298
二年後の黒岳……317
未完のライン……328

解説　谷口けいが、僕たちに遺したこと（野口健）……342
谷口けいプロフィール……358
文庫本のためのあとがき……360

はじめに

急峻な岩と氷の壁。そこをコントロールされた落ち着いた動きで、小さな体の谷口けいさんが登っていく。その姿はエネルギーに満ちていた。フォローして追い着くと、そこにはいつも明るい笑顔。眼下に深く広がる暗い谷と、彼女の鮮やかさのコントラストがいつも鮮烈だった。

静岡の小さな会社で地元に根差した商売をしている私にとって、冬の週末、けいさんに連れていってもらうアルパインクライミングは、別世界のもので輝きに満ちていた。それは毎回、体力と気力を最後まで絞り出すような登攀だった。だが、恐るべき壁も、どんな悪天候も、けいさんといれば絶対に大丈夫。そう思わせてくれる圧倒的な強さが、彼女にはあった。

だから、二〇〇〇メートルにも満たない黒岳でけいさんがいなくなってしまったことは、本当に信じられなかった。

クライマーとして強かった彼女のことを伝えたい。そう思い私は、原稿を書きはじめた。

「アルパインクライミング界のアカデミー賞」ともいわれるピオレドール賞。これを受賞した女性は、世界でけいさんが唯一だ。世界の壁を舞台にした彼女の躍動の軌跡は、克明に文字で残されるべきものだと感じていた。多くの登山者が憧れた、あの華やかな登攀の数々。それを成し遂げた才能あふれるけいさんの輝きで埋め尽くした一冊を作ろうと思っていた。

ところがその構想は、いとも簡単に崩された。

幼少のころの友人たちは、動けずに殻のなかに閉じこもっていたけいさんのことを語った。けいさんが「山の母」と呼び慕っていた登山家も、彼女の「空洞」が見えていたと言った。高校時代の友人も、けいさんは繊細すぎるほど繊細だったと話していた。

私は、いったい山でけいさんの何を見ていたのだろう?

けいさんは生まれつきの強者ではなかったのだ。

多くの証言を聞いて最も感じたことは、けいさんもまた、私たちと同じちっぽけな一人の人間で、必死に生きていたということだった。

けいさんは自分の弱さや、限られた可能性に真正面から向き合い、行動し続けていた。たとえ逆風のなかにいても、自分の本当の気持ちと向き合い、流されることがなかった。だからこそ、彼女からはエネルギーが放射され、人々は彼女に魅了されたのだろう。

けいさんにとって重要だったのは、山頂を極めるということではなく、自分を乗り越えていく行為そのものの中にあったにちがいない。登山だけではなく、高校時代の旅、自活した大学生活、自転車での旅、そしてアドベンチャーレース……。そんなけいさんの行動はすべてが、自分自身を克服し、次の自分になろうとする「冒険」だったのだ。

自ずと本書は登攀記録だけではなく、けいさんの心の軌跡を追ったものとなった。その過程で、彼女と心を通わせた友人たちの情熱にも触れることになった。その熱に促され、私は取材の旅を続けた。

そして、冬壁では果たすことができなかったけいさんのパートナーとしての役回りを、こんどは十分に行ないたいと思い、全力で執筆してきたつもりだ。いまはけいさんが、あの鮮やかな笑顔で、完登の握手を差し出してくれていると信じている。

本書に収められたけいさんと、彼女の友人たちの言葉と行動が、自身を変革し、新しい地平に向かって一歩を踏み出そうとするすべての人への力になってくれればと思う。

長いインタビューに応じてくれたけいさんのご友人の方々、資料を提供してくださった御尊父・谷口尚武さん、出版の機会をつくってくださった萩原浩司さん、文章のご指導をいただいた山本修二さん、そして本書に関わってくださったすべての方々にあらためて感謝したい。なお、文中の敬称は省略させていただいた。

第1章

クリスマスイブに

二度の別れ

二〇一五年師走のその日、千葉には抜けるような青空が広がっていた。窓から降り注ぐ日差しは強く、暖かささえ感じられた。こんな日でも、北海道の山であれば一面の雪で覆われ、厳しい寒気の中にあるのだろう。

谷口けいの父・尚武は、そこまでは想像することができた。しかしその雪山で、娘のけいが遭難したとは、まったく信じることができなかった。受話器の向こうで、けいが大雪山系黒岳（一九八四㍍）の山頂付近から滑落して行方不明になっていると話す知人の声を、尚武はただ茫然としながら聞いていた。

ヒマラヤの巨大な壁を登り続けていたけいのことだから、万が一の事態もあるとは覚悟していた。だが、まさか北海道の山でいなくなってしまうとは……。今回は覚悟も何も、北海道に行っていることすら知らなかったのだ。

電話を受けたのは、十二月二十一日。けいは二十五日からアフリカ大陸最高峰のキリマンジャロにツアーガイドとして行く予定になっていた。例年、年末年始、けいは北アルプスの厳しい冬壁に向かっていた。それに比べれば、今年は簡単なキリマンジャロということで尚武は安心していた。それに、出国前日の二十四日には、千葉県我孫子市にある尚武の家で一緒にクリスマスパーティーをやることになっていたのだ。

何かの間違いであってほしい。そう願いながら、尚武は北海道に向かう準備をした。だが、同伴していたメンバーと地元の捜索隊により、翌二十二日朝、けいは山頂から約七〇〇メートル下で見つかった。

尚武は、けいの慕っていた登山家の飛田和夫、寺沢玲子と共に二十二日午後、旭川空港に到着。現場からの電話では心肺停止と伝えられたが、けいは滑落で即死したのだと尚武は理解していた。

その夜、尚武は旭川東警察署でけいと対面した。七〇〇メートルも岩場を滑落したにもかかわらず、顔はほとんど損傷がなく、安らかな表情だった。検視に時間がかかるため、我孫子に連れて帰れるのは数日先になるだろうと言われた。しかし尚武が真摯に懇願したこともあり、二十三日午後には引き渡しが行なわれることになった。そして札幌の葬儀社と交渉し、夕方の便で我孫子へ搬送することができた。二十四日のお通夜には、親族、そして多くの仲間が集まった。

葬儀をこなしていくなかで尚武の目には入ってこなかったが、あの日、街はクリスマスのイルミネーションで輝いていたはずだ。後日、ある親しい友人は、こんなふうに言っていた。

「クリスマスイブがお通夜なんて、最後までけいさんらしかった」

悲しみにくれながらも、尚武はそのとおりだと思った。キラキラと輝いて四十三年の人生を駆け抜けたけいに、ぴったりの日だった。


振り返れば、尚武にとってけいとの「別れ」は二度目のことだった。

一度目は、けいが一八歳の夏。けいはアメリカで一年間の高校留学を終えて帰ってきたばかりだった。そこからけいは、大学受験に向けて家で勉強をしてくれるはずだった。だが帰国後すぐに、けいは行き先も告げずに家から飛び出して帰ってこなかったのだ。

三カ月後に手紙が来た。そこには、けいが高校で感じていた閉塞感のこと、これからの決意などが綴られていた。その「別れ」の手紙を尚武は大切に保存し、その後、折にふれて何度も読み返すことになる。大学受験模試の論文の答案用紙に、けい独特の丸い文字でびっしりと書かれたその手紙。それは、こんな文面だ。

〈私は最近変わりました。自分でもすごく変わったと感じられます。本当は物心ついたころからずっと考え続けてきた、心の奥にひそんでいたようなものが、いまやっと目に見えるところまで出てきた、という感じです。アメリカにいた一年間でよりも、日本に帰って来てからの三カ月間で私は、とてもいろいろなことを考え、いろいろな人に出会い、いろいろなことを試みて、変わりたくないという気持ちを横目に、いま大きく変わりつつあるように思います。

高校時代は幸せだった。毎日が平和で、いつも友達に囲まれ、朝起きて学校に行き、そして夕方帰ってくればよかった。テストの前になると、一生懸命勉強した。何のために？　赤点をとらないため。良い成績をとるため。もし小金高校三年までいたら、私は、明治大学くらいの推薦が取れたかもしれない。だけど、高校には戻らなかった。よかった。いま、痛感する。もう二度と高校生なんて戻れない。あんな狭い世界の中でなんか生きちゃいけない。なんで学生は、あんなに平和に笑っていられるんだろう。

フツーって、どういうことか考えたことある？　フツーの生き方って何だと思う？　小金高校生にとっては、大学に行って、良い仕事に就くことがフツーなんだ。だから、今年の卒業生の中からM君がひとり専門学校に行ったってことが、みんなの間でうわさになったんだ。だけど、たとえば、中卒で一生懸命働いて自分の人生をつくっている人から見れば、大学に行こうとして狂ったように勉強している人たちは、どうかしているよ。いったい何が楽しくて、あんなに勉強しているんだろう。あんなにつらそうな勉強をした先に、本当に自分の欲しいものがあるならいいよ。だけど、大学で四年間遊ぶために、いま、この大切な時間をつまらない勉強のために費やしてしまうなんて、バカみたいだ。いったい、何のために生きているのかってことを、みんな本当に考えたことがあるんだろうか。自分が人間なんだってことを思い起こすことがあるんだろうか。それから、この地球に生きているものは人間だけじゃないんだってこととか、人間の本来の姿とか、いろいろ考えているのかな。

（中略）きょう、ここで結論を出そうと思う。私は、受験生をやめます。つまり、代名詞の意味での受験生。大学に行くために狂ったように勉強する。それは、私の選んだ生き方ではない。小学生のころ、よくお母さんが言った。机に向かってする勉強だけが勉強じゃないって。机に向かう勉強も大切だけど、もっと根本的な、人間として、というか、この地球に生きる者として、というか、そういう勉強がしたい。大学に行って仕事に就くってことがフツーの人生なんじゃないんだよ。そんなのは、甘い！と思う。一直線に川の流れを下っていくよりも、くねくねと、あっちこっちに曲がりながら進んでいくほうが面白い。失敗するかもしれない。挫折するかもしれない。だけど、私は、それでもそういう生き方のほうがいい。

いま、いちばん面白いのは、新聞配達と、英会話と、人と話をすること。以前とは違った姿勢で人と話をするようになったので、いろいろな発見もあれば、いろいろな悩みも生まれてくる。だけど、それがすごく面白い。

（中略）いま、やりたいのは、どれだけ自分の力で生きていけるのか、自分に挑戦すること。一人で生きている、多くの人と出会ったから〉

手紙には、行き先は書かれていなかった。

「これからけいはどうなってしまうのか」そう心配する妻・正子に、尚武は「大丈夫だよ、どうにかやっていくよ」と答えていた。尚武は、ただ単に気丈に振る舞っていたのではなかった。けいは本当に何かを見つけて、人生を切り開いていってくれるだろう。そんな確信があった。

三年が経ったある日、けいから手紙と成績表が送られてきた。そこには明治大学文学部史学地理学科に入学し、無事に一年を終えたことが綴られていた。

大学に行けば会えることはわかっていたが、尚武と正子が大学に行くことはなかった。自立して一人で生きていくこと。それが、けいの決断だったからだ。そうやって会えぬままに日々は流れた。ただ、当時高校生だったけいの弟の隼は、けいのアパートにたびたび遊びにいっていた。隼によれば、ボロボロのアパートに住んでいるけれど、元気にやっているようだった。

尚武がけいと再会できたのは、彼女が大学三年の夏だった。和歌山の港町に単身赴任をしていた尚武のところへ、何事もなかったかのように、ひょっこりとけいが自転車で訪ねてきた。四年ぶりに見たわが子だった。

明治大学のサイクリングクラブの仲間とこれから紀伊半島一周の合宿に入るのだが、その前に二、三日泊めてもらいたいとけいは言った。まるで先週まで会っていたかのような自然な振る舞いで、けいは尚武の前にいた。何のお詫びもないことなど、尚武は気にも留めなかった。それよりも、会った瞬間から尚武は驚いていた。それまで見たことがないほどに、けいが輝いていたからだ。明るい顔で、くっきりとした目を真っすぐ尚武に向けてきていた。大学生になって自転車を始め、やっと好きなことが見つかったんだなと尚武は感じていた。

その夜二人は、近くの漁港にある食堂でゆっくり話をした。ヒラメや鯛の刺身を食べながら、「網で獲った魚よりも、釣り上げた魚のほうが身が引き締まっておいしい気がする」そんなたわいもない会話を続けた。尚武は、話の内容よりも、けいの潑剌とした顔がとにかく印象的だった。けいは自分の「道」を歩きはじめたのだ、と思った。

出発の朝は大雨だった。「もう一晩泊まっていけ」と言う尚武に、けいは「仲間が待っているから」と、降りしきる雨のなか笑顔で自転車を漕ぎ出していった。後ろ姿を見て尚武は、これからけいは、どんどんはるかな世界に飛び出していくのだろう、と感じていた。

その直感は具現化していった。一九九八年に大学卒業後、けいは大手広告会社に就職したが、週末はアドベンチャーレースや登山に明け暮れていた。会社は三年で辞めた。二〇〇一年のことだ。その直後にはアメリカ大陸最高峰のデナリ（旧、マッキンリー）に登頂。秋にはニュージーランドに赴き、エコ・チャレンジというアドベンチャーレースで一一位という記録を残した。けいは、その報告会に尚武と正子を招待してくれた。壇上で過酷なレースを楽し気に話すけいは、ますます強く輝いて見えた。「道」を見つけたけいの勢いは、加速するばかりだった。

翌〇二年は野口健エベレスト清掃登山隊のメンバーに。そこからは毎年のようにヒマラヤに遠征を続けた。〇八年にはカメット南東壁を初登攀。この記録により、けいは登山界で世界的に権威のあるピオレドール賞の初の女性受賞者となった。

ヒマラヤの未踏の壁に向かうとは、リスクのある極限の地に赴くことだ。そう尚武は理解していた。遠征前は必ず激励会を開き、尚武と正子とけいの三人で夕食を食べた。そのときはいつも、心の中で無事を祈っていた。だが一方で、大きな壁の登攀では最悪の事態もあり得るとも思っていた。

それが、まさか、黒岳で遭難してしまうとは……。これは本当の「別れ」だった。自転車で突然現れたあの日のように、けいが戻ってきてくれることはもうないのだ。

尚武は、けいの墓石はヒマラヤの石にしようと考えていた。だが、彼の地からの運搬方法が一年たっても見つからず、最終的には北欧石にした。墓石には山の絵を刻んでもらおうと決めていた。その絵は、カメットかエベレストにしようと尚武は考えていた。だが、けいの兄弟が「これからは家族の墓になるのだから、家族の山にしよう。筑波山が合っていると思う」と言ってきたことで考えが変わった。

家から電車とバスで二時間の距離にある筑波山は、家族全員で何度も登った山だった。尚武は、山野草の写真を撮ることを趣味にしていた。筑波山の山頂付近はカタクリやニリンソウが咲き乱れ、格好の被写体になる時期がある。尚武はカメラを片手に、小学生のけいに「一緒に行くか？」と誘うと、いつも「行く！」と二つ返事が返ってきた。そんなふうにして、二人だけでも筑波山に何度も登った。

けいの没後、尚武は、どんなエピソードがけいの人生を象徴しているかと尋ねられることがたびたびあった。だが、どれか一つを挙げることはできなかった。けいの人生のすべての瞬間に意味があると思っているからだ。だがやはり、二人で登った筑波山は、最も鮮やかな思い出として尚武の心に深く刻まれている。

「日本百名山」のひとつとしても知られる筑波山は、晴天の週末には多くの登山者を迎える。二人は「人がいっぱいいる道はやめよう」と、けもの道を使って下山したことがあった。筑波山程度の低い山であれば、下に歩いていけばどこかに出るだろうと尚武は楽観していたのだ。ところが途中でけもの道は消え、藪こぎでの下山となってしまった。けいは不平を言わずについて来てくれた。それどころか、滑りやすい場所でもほとんど転ばずに下りてきた。なんとか山麓に下り着いたが、そこはまだ一度も訪れたことがない村だった――。

そんな思い出の筑波山の全景が墓石に刻まれた。手賀沼を眼下に望む丘の上の墓地に墓石は設置され、二〇一七年三月二十六日、納骨式が行なわれた。

人生に「もしも」はないが、けいが原体験となる筑波山に行っていなければ本格的な登山をすることもなく、遭難することもなかったのかもしれない。だが尚武は、けいを筑波山に連れていったことをいささかも後悔していなかった。

「自分の好きなことを見つけて、没頭できた人生はいい人生だったのだと思う」

お墓参りに来てくれたけいの友人たちに、尚武はそう答えていた。

本書の執筆者である私は、けいと、彼女がヒマラヤに登りはじめる前からの知り合いだった。そして遭難前の数年間は、彼女にアルパインクライミングを教えてもらっていた。

私がお墓参りに行ったとき、眼下には緑の畑が広がり、耕運機がゆっくりと動いていた。その向こうには手賀沼が凪いだ湖面を見せ、ボートが数台浮かんでいた。対岸は、森に左右を囲まれた住宅地。のどかな風景だった。日本とは違う文化の国々を旅し、岩と氷の極限の壁を登っていたけい。そのエネルギーに溢れていた彼女が、このうららかな地で静かに眠っていることが信じられなかった。

その後、尚武の家にお邪魔した。墓地から家までは車で一五分かかった。驚くことに、七〇歳代後半の尚武はそこをほぼ毎日、自転車で通っていると言った。尚武は健康的でスリムな体つきをしていた。のんびりしたイントネーションで話しているのに、言葉の端々には鋭さがあった。そして、けいと同じある種の「熱」があった。けいとはじめて会ったときと同じように、私は少し緊張していた。

壁に飾られたけいの写真を見ながら、静かに尚武と会話をした。世界の山々を旅した写真に混じり、家族で筑波山に登っている一枚の古い写真があった。けいが中学生のときのものだという。色褪せた写真のせいだろうか、けいのあの圧倒的な明るさがなかった。それを察してか尚武は、こう言った。

「あのころのけいは、エネルギーをため込んでいるな、という雰囲気があった。何かやるかもしれないなという予感はしていたんですよ」

その予感のとおり、大人になったけいは広い世界を旅しつづけた。まさにため込んだエネルギーを爆発させるかのように。尚武は、訥々と続けた。

「大人になってからいろんなところに行くことになって、心配ではあったけれど、まあしょうがないなと。滑落にしても、雪崩にしても、山ではいろんなことが起こるから覚悟はしていた。ただ、まさか黒岳で遭難するとは思ってもいなかった。ちょっとした油断だったのか……」

それはあの日、けいの仲間の誰もが感じたことだった。しかし、そこから続いた尚武の言葉は思いがけないものだった。

「あるいは……運命だったのかな、とも思ったりね……。ときどき僕は思うんだけれど、彼女は世に送り出されたとき、使命を与えられてきたような気がするんですね。

登山界での最高レベルまで行って、女子学生をヒマラヤへ連れていって、十分指導できなかったかもしれないけれど、いちおう使命をそれなりに果たした。で、もう戻ってきなさいと言われて、天に帰っていったんじゃないかって思ったりしたりね。悲しみもあるけれど、最近は畏敬の念を抱くようにもなってきた」

私は適切な返事を見つけられず、「そう考えられる親も少ないでしょうね」と言って間をつくろった。

「まあ、そうでしょうな。普通はそうは考えないでしょうな。でも、ただ悲しんでいるだけだと、けいが、いつまでも悲しんでちゃダメだよと言っているような気がしましてな。お墓をつくってしばらくたってから、そういう考え方になれたんです」

尚武はそう言って微笑んだ。

尚武の言うように、もし、けいが与えられた「使命」に従って行動したのであれば、そこには必ず「意味」があったはずだ。それは何だったのだろうか。

壁の写真の下に並べられたアルバムを開いてみる。南国の海を背景に自転車を漕いでいるシーン。アドベンチャーレースのラフティングで激流を漕いでいるときの一瞬。褐色のチベット高原を背景に雪山を登っている姿。山草を眺めているときのアップ……。どの写真でも、けいは溌剌とした顔をしていた。

ふと、そのとき唐突に、けいがよく使っていた「シェア」「共有」という言葉が思い出された。

「この道具はシェアすればいいよ！」

「お互いのクライミングのスタイルを共有して、もっといいスタイルをつくっていこう！」

そんなふうに言っていたことが何度もあった。尚武の部屋に溢れていたけいの「軌跡」を、多くの人たちと「共有」したいと思った。そうすることができれば、誰かが彼女の「使命」の意味を感じてくれることだろう。

けいの冒険を文章にまとめてみたい。

その思いを尚武に伝えると、けいが残したノートやメモ帳を貸してくれた。私は、けいの友人たちの証言も聞き集めてみたいと思った。尚武の家を出ると、我孫子の空にいくつかの星が輝いていた。

「やるって言ったよね。絶対やりきりなさいよ」

どこからか、明るく、気の強いけいの声が聞こえた気がした。

エベレスト清掃登山

チベットのチョー・オユー（八一八八㍍）に、私と平出和也は大学四年生のときに登った。帰国直後の二〇〇一年十一月、アルピニストの野口健が私たちのために報告会を開いてくれた。当時、野口は二八歳で、すでに二回エベレストの清掃活動を行なうなど環境活動家としても知られるようになっていた。

日本の山でも清掃活動や環境教育活動を行なっていた野口は、フィールドで効率よく動けるアドベンチャーレーサーたちと行動を共にしていた。彼らが同じくアドベンチャーレーサーだったけいを、その会場に誘った。けいは野口の一つ年上の二九歳だった。

野口はこの報告会を機に、けいと共に山に向かうようになる。

その最初の山が、野口が登場するテレビ番組のロケで行った春の北八ヶ岳の天狗岳だった。けいは歩荷（荷物持ち）のアルバイトとして参加した。一五年前のその山行について野口に聞くと、「よく覚えているよ。けいさんの第一印象は強烈だったからね」と言い、少し早口でそのときのことを回想してくれた。

テレビのディレクターが考案したその企画は、都心の駅前でたむろしている、当時「コギャル」と呼ばれていた高校生たちに声をかけ、野口と一緒に二泊三日で残雪の北八ヶ岳に連れていくというものだった。バラエティー番組にありがちな無理のあるシナリオに、野口は嫌な予感をはじめから覚えていた。だが、当時まだ駆け出しだった彼は、ディレクターの提案を断ることができなかった。そして、その悪い予感は的中することになる——。

「うるせえんだよアルピ、早くゴミ拾いにでも行けよ」

「ガングロ」にメイクした顔で彼女たちは、野口に向かって汚い言葉を吐いていた。どこまでも続く静かな森の中で、シルバーに染めた長い髪があまりに不釣り合いだった。

野口は環境学校を日本各地で開いていて、学生たちと山に行くことには慣れていた。だが、その参加者は志願してきた者ばかりで、半ば無理やり連れてきた今回の企画の出演者とはまったく違っていた。「ひねくれた女子高生が山に登り、どう変わるか」。それが、ディレクターの考えていたテーマだった。だが、山での歩き方のコツを教えようとしただけで、「うるせぇ!」と返されて、野口ははじめから匙を投げたくなった。

う。
「なんなんだ、あいつらは。おれが何でこんなことやらなきゃいけないんだよ」
野口がそうスタッフに愚痴をこぼす一方で、高校生のほうもこんな感じだったとい
「マジ、ウザい。アルピニストって何なの？っていうか、こんな山に来させるとかあ
りえなくない？」
カメラが止まると、野口は彼女たちと距離を置いて歩きはじめる。そのとき、後ろ
の方で撮影機材を持ちながら歩いていたけいがわざわざ野口のところまで近づいてき
て、落ち着いた声でこう言った。
「健さんね、彼女たちがああいう感じになるっていうのは、メッセージなんだから。
あの子たちは大人たちへの反発とか何かがあって、ああいう態度になるんだから。そ
の何かを聞いてあげなきゃ」
後年、その記憶は野口のなかで長く残るのだが、そのとき怒り心頭で歩いていた彼
は「けいさんって、なんだかお母さんみたいな人だなあ」と思っただけだった。
初日のロケが終わり、山小屋で宿泊となった。けいは彼女たちと外に星を見に出か
けていた。そして戻ると、彼女たちと部屋で夜遅くまで話し込んでいた。
翌日、また「アルピ、マジ、キモイ」などと野口が言われている一方で、休憩のた

びにけいは彼女たちと笑顔で話をしていた。そしてその夜もまた、深夜まで語り合っているようだった。

天狗岳登頂シーンなど大方のカットを撮り終えたディレクターは、最終日はほとんどカメラを回さなかった。自由になったけいと高校生たちは、ずっとおしゃべりしながら下山した。ゴールの渋ノ湯温泉に着くころには、高校生の顔は活き活きとしたものに変わっていた。

東京への帰り道、車の中でけいは少し強い口調で野口に言った。

「この企画は、はじめから彼女たちを悪者扱いしていたでしょ。だけど、彼女たちは全然普通だったんだよ。というかむしろ、いい子たちだった。悪いとこなんて、なかったんだよ」

その後、映像は編集され、「八ヶ岳の森と野口にガングロ女子高校生も癒された」といった筋でオンエアされた。野口は面はゆい思いでそれを観た。彼女たちを癒し、輝かせたのは自分ではなく、画面には出てこないけいだったからだ。

相手を認め、輝かせるけいの力を、野口はそのときから感じていた。彼はいま、振り返る。

「あれが彼女の魅力だったよね。どんな人に対しても、けいさんはそうだったよね。

ヒマラヤでも、シェルパのけいさんに対する心の開き方ってすごかったしね。気さくに話をする一方で、人の話もよく聞いていた。だからみんな心を開いたんだろうね。オレなんて聞くのが下手だから……。皆、けいさんにはいろいろ語って、最後には彼女につられて明るくなってしまう。あれは彼女の才能で、いつもすごいと思っていた」

野口は、けいが亡くなるまでずっと、それはけいの天性のものだと思っていた。彼女の高校生のころの煩悶や葛藤など、何も知らなかった——。

この八ヶ岳登山がきっかけとなり、野口が率いた二〇〇二年、二〇〇三年のエベレスト清掃活動にけいは参加。一年目はベースキャンプマネージャーに徹したが、翌年は七〇〇〇メートルを超える高所で清掃活動をすることになった。そのときけいは三〇歳で、はじめてのヒマラヤ登山にもかかわらず、いつもケロッとした表情をしていた。悪天候でベースキャンプに滞在する日も多かったが、野口が意を決して出発すると、いつもけいはついて来て、

「健さん、出発できてよかったよ！　ベースキャンプでもう飽き飽きしていたもん！キャンプ2まで頑張って行こう！」

と明るく声をかけてくれた。そして、けいはテントの設営など通常の作業はもとより、隊員の血中酸素濃度をデータ化したり、天気予報を分析したりと、登山がスムーズに進むように常に一歩先の行動を起こしていた。登山後はカトマンズで記者会見をすることになっていたのだが、その資料もけいは英語で作ってくれた。それまで野口は、コミュニケーション能力が高い隊員は事務的なことが苦手な場合が多いと感じていた。だがけいはその両方ができ、しかも肉体労働をもこなせた。

手厳しいところもあった。とりわけリスクのある場所ではそれが顕著だった。隊員のアイゼンの着け方が間違っていたときは、「なんでこんな間違いをするの！」と強い口調で言っていた。ベテランのシェルパは、面倒くさがって安全確保を外して歩くときがあった。彼らには圧倒的な登山経験があり、落ちない自信があるからそうしているのだが、けいは彼らにも「そこはちゃんとやって！」と訴えていた。隊長の野口も何度も注意され、「そんなにきつく言うことはないじゃないか！」と口から出かかったこともあった。だが、彼女のやり方のほうがより安全であることは間違いなかったので言い返すことはできなかった。

この二〇〇三年のエベレストは、野口にとっては四度目の清掃登山だった。その四回とも「登頂」はしないことをルールにしていた。「清掃」という軸がぶれてしまうからだ。けいはネパール側の七〇〇〇メートル付近まで清掃をしていた。そこから見上げると、岩と雪の大斜面が紺碧の空に吸い込まれていた。その絶頂が標高八八四八メートルの世界最高所だ。

「登っちゃいけないの？　やっぱりここから先はダメなんだよね」

けいが野口に聞いてきた。

「今回は登っちゃいけないんだよね」

激しい反論がくると予想しながら野口がそう答えると、意外にも、

「そうだよね……」

と、けいはつぶやくだけだった。普段とは違いエネルギーのないその反応に、かえって野口はけいの山頂への思いを感じていた。そのモチベーションが、野口にとっては意外だった。というのも、野口はけいを「登山家」ではなく「アドベンチャーレーサー」として見ていたからだ。

野口のまわりの女性登山家たちは、山に人生を賭けていた。稼いだお金のすべては、次の山のためにあった。服装にはこだわらないから街では浮いていたし、一度山に入れば悲壮感のある顔をしていた。けいもたしかに、シンプルな生活をしていた。住ん

でいるアパートはトイレ共同、風呂なしの木造住宅で、部屋は四畳半一間だった。服の数も少なかった。しかし、部屋の中はおしゃれにデコレートしてあった。街着にしても、山のウエアにしても、色使いがうまかった。ちょっとしたアクセサリーとなるものを持っていたから、貧相なイメージはまったくなかった。そして、ナチュラルブラウンのショートカットの顔はいつも笑顔で、山でもよくしゃべり、悲壮感はまったくなかった。

そんなけいに「女性登山家」というイメージをあてはめることができなかったから、エベレスト山頂を見つめる彼女の表情は、野口にはとても意外なものだった。

だが、そんな表情はそのときだけだった。ベースキャンプに戻るとけいは隊員たちと、休むことなく笑顔で話していた。シェルパたちが使うダイニングルームにも入り、彼らと時間があるかぎり話し込んでいた。北八ヶ岳でもけいのコミュニケーション能力の高さを見ていた野口は、彼女には生まれつきの明るさに加え、その能力を磨いた特別な経験があるはずだと思っていた。

その「答え」がある日の夕食時、突然、野口にもたらされた。それは彼にとって、あまりに衝撃的な話だった。

「大学時代の一時期、キャバクラでアルバイトをしていたことがある」

けいがそう、カミングアウトしたのだ。企業の社長や役員からの指名を受けることもたびたびだったとも。

「ヒラヒラの白いドレスも着てたんだからねぇ〜」

筋骨隆々の手足にドレスは似合わなかったにちがいない。だが野口は、けいが指名されていた理由もわかると思った。突然、キャバクラで自転車での冒険の話が出てくれば、社長たちは意表を突かれて興味を持つはずだ。しかも、強い酒を飲んでいる不健康そうなキャバ嬢ではなく、太陽が似合いそうな元気な女子が話をするのだ。そんな違和感のありすぎる設定に、引き込まれないわけがない。そして、再指名を受けるために、けいはきっと懸命に冒険の話をしたのだろうと野口は思った。

けいのコミュニケーション能力が高い理由は、そのキャバクラの経験があったからだと野口はいまも確信している。

「そんなわけないでしょう」

隊員だった義村貞純は、野口のその説を完全に否定した。そしてベースキャンプでの会話を思い出しながら、彼は言った。

「たしか時給のいいキャバクラで働こうとしたけど、研修期間だけ働いたとか、働かなかったとか、そんな感じの話じゃなかったっけ？　正式に働いたかどうかは忘れたけれど、コミュニケーション能力を開眼させるほど長い期間はいなかったはずだよ」

当時、義村とけいは清掃活動だけでなく「野口健環境学校」のまとめ役として、日本各地のフィールドで学生たちと関わっていた。またけいは、企業の野外研修のファシリテーター（企画・進行役）も務めていた。そんなリーダー的な立場を実践していくことで彼女は、もともと高いコミュニケーション能力をさらに高めていった。そう義村は思っている。

キャバクラの話は、それこそコミュニケーション能力の高いけいが、野口を喜ばせようとストーリーを脚色したとも考えられる。だが、その話の真偽は別として、間違いのないのは野口のこの気持ちだった。

「もしオレが社長なら、絶対けいを指名しただろうな」


この清掃登山で日本人メンバーには「登頂」を禁じていた野口だったが、山頂を目指したいというシェルパが出てきたときは、その挑戦をむしろ後押ししたいと考えていた。シェルパは「仕事」としてエベレストに来ていた。彼らは山が好きなわけではなく、現金収入を得るためにそこに集まっているのだ。そんな中から純粋に登山をしたいと思う者が出てくれたなら、アルピニストの野口にとってこれ以上うれしいことはない。

予想外に、その「登頂」を目指すシェルパがいた。ペンバ・ドルジ・シェルパだった。彼はベースキャンプに着くや否や「絶対山頂に行く！」と宣言。仕事として義務的に動くシェルパの中で、夢のあるペンバには独特の華やかなオーラがあった。

その姿を、目を輝かせながら見ているけいがいた。

活き活きとした表情のけいに、日本人メンバーの田附秀起は本気で恋をしていた。彼は登山中に出た排泄物を土のあるところまで降ろす「うんこ隊長」を志願し、隊に参加していた。隊の中で最も不遇なポジションにいる彼だったが、人知れず「けいさん好きです」と何度も告白していた。そのたびにけいは、「はいはい田附君、高山病だね。うんこ隊長の仕事、手伝ってあげるからね」などと言っては田附を軽くかわしていた。そして、いつもペンバだけを見ていた。

田附は当時を振り返る。「そりゃ悔しかったですよ。あのとき、間違いなくけいさんはペンバにホレちゃってましたからね。悔しかったけど、世界最高峰というあの場所では、僕がペンバに勝てるはずもなく……」。

そして、ペンバは「田附に勝つ」どころではなく、世界の登山家たちをあっといわせる記録を打ち立てるのである。彼は、「絶対登頂してきます！」と言ってベースキャンプを出るや、なんと八時間一〇分という驚異的なタイムで山頂まで駆け登ったのだ。けいのペンバへの思いは高まるばかりだった。

エベレストの清掃が終わるころ、けいは野口に、

「ペンバを日本に連れて帰る！」

と言い出した。ペンバはパスポートすら持っていなかったし、そもそも彼には妻子があり、ネパールでの生活を捨てて日本に来ることなどできるわけがない。しかし、事務能力もコミュニケーション能力も高いけいのことだ。何とかしてしまう可能性がないわけではない。実際、エベレストから下山後、けいは奥さんのいるペンバの家に赴いていた。

その恐るべき行動力に慌てた野口は、「ペンバはヒマラヤにいるから輝いているんだ。東京に連れてきたら、けいさんに甘えてまったく違うペンバになるぞ！」と言って、けいを説き伏せようとした。野口の言葉には力があった。というのも、彼自身が以前、シェルパの女性と結婚したことがあったからだ。しかし、その女性はパスポートが取れず日本に来ることができなかった。結局、ネパールと日本の遠距離の結婚生活は数年で破綻した。経験に即した野口の説得もあり、けいはペンバを日本に連れていくことを渋々諦めたのだった。

そんなエピソードもあったが、野口には、日本人とシェルパが楽しみながらエベレストで活動できたことが本当にうれしかった。この二〇〇三年で野口はエベレスト清掃活動を終了させた。四年間で回収したごみの量は、七・七トンだった。彼は、ブログにこう書き込んでいた。

〈この四年間つらくなかったといえばうそになるけれど、でもこうして続けてこられたのはつらさの中にもちゃんと楽しさがあったからだと思う。(中略)ゴミを相手に仲間たちと命を賭けたこの四年間は生涯忘れないだろう。強烈なこの四年間の活動がこうして終わってしまうとなぜか寂しい〉

エベレスト清掃登山は幕を閉じたが、彼らのヒマラヤをめぐる物語はまだまだ続く。その後、野口を隊長とした登山隊でペンバとけいは、マナスルとエベレストの頂に立つことになるのだ。

第2章 アドベンチャーレース

大和撫子旋風

二〇〇三年のエベレスト清掃登山から帰ると、谷口けいは女性だけのチームで海外のアドベンチャーレースに参加しようと動きはじめた。

アドベンチャーレースは、チームに女性を入れるのがルールだ。男性だけのチーム編成は認められない。そのため、体力的に劣る女性を男性がいかにフォローするかが大きな要素となる。荷物を軽くするだけでなく、自転車での走行時などは女性メンバーをロープで牽引したりすることもある。

そのアドベンチャーレースにおいて女性だけでチームを編成するのは国内レースでもかなり珍しく、ましてや海外の大会にそのスタイルで挑むチームは皆無だった。しかし、このけいのアイデアにすぐに三人が集まった。チーム名は「大和撫子旋風」。

後にけいと登山やバックカントリーで行動を共にすることになる伏見幸希子《ゆきこ》は、その三人に少し遅れてチームに加わった。その三年前から伏見はアドベンチャーレースを始めていた。けいと何度か大会で顔を合わせていたが、はじめてゆっくり話をしたのは大和撫子旋風で夜間にランニングをしたときだった。だがそのときの記憶は、野口健がけいの第一印象を鮮明に覚えていたのとは逆におぼろげだった。

「うーん、あんまり覚えていないですね。というのも、憧れのけいさん、みたいにはまったく見ていなかったんです。あの有名なけいと一緒のチームになれた！みたいな感動はまったくなかった」

当時すでにけいは、世界的な大会であるエコ・チャレンジで一一位、日本最高峰の伊豆アドベンチャーレース優勝などレーサーとしてトップレベルの実績を持っていた。カリスマ的に見られてもおかしくないポジションだったのだが、伏見は「同じ山が好きな仲間というだけで、そういうふうには全然見ていなかったですね」と言い、こう続けた。「っていうか、その後けいさんが有名になっても、憧れて見たこととかは一度もなかったなー」。

ただ「女性だけのチーム」で海外レースに出たいとけいが言い出し、具体的に動きはじめたことは、自分にはない素晴らしい行動力だと思った。そして、けいの気持ちも深く理解できた。チームの中で女子は、男性に必死についていくしかない場面が多い。その結果、地図読みなどをする余裕がないことも多かった。負荷を減らしてあげようと女性の荷物を持とうとする男性もいたが、それも不自然に感じていた。混成チームでは、「自分のことは自分でやる」という当たり前のことができないのが歯痒かった。

だが、チームメイトが「全員女子」であれば、一人ひとりが責任を持ち、チームメイトに頼りすぎることはない。自ら地図読みし、その時々の状況に応じて各自がアイデアを打ち出すことができる。メンバーの能力を引き出し合える女性だけのチームは、やはり魅力的だった。

しかし埼玉県で団体の職員を勤めている伏見は休日を合わせることができず、「大和撫子旋風」の初海外レースとなった二〇〇三年のグアム・エクストリームアドベンチャーレースには参加することができなかった。

参加メンバー四人はジャングルの中、不眠不休で闘い、三位という成績を残して帰ってきた。過酷なレースだったはずなのに、彼女たちの話はとても楽しそうだった。写真を見せてもらうと、土と汗で汚れたユニフォームで走っていたが、四人とも満面の笑みを浮かべていた。それを見て伏見は、「これは絶対にやってみたい」と思った。

だからけいが、ある日の飲み会で「次はコスタリカの大会に出たいけど、参加できる人いないかな？」と言ったときには、「出たい！」とその場で手を挙げた。

コスタリカへ

コスタリカという国のことはよく知らなかった。しかし、だからこそ、その未知性が魅力的だった。二〇〇四年、セントラルパシフィックチャレンジというその大会には、伏見とけい、そして前年のグアム・エクストリームアドベンチャーレースに出場した片岡由起子と細谷はるなが参加することになった。

海外に繰り出す「大和撫子旋風」に、アウトドア雑誌は「女性だけのチーム」という点に焦点を当てて紹介をしていた。ただ、けいたち自身は取り立ててそれを意識していなかったし、ましてや男性に勝ってやろうと意気込んではいなかった。同じレベルの仲間でお互いの良さを引き出し合い、どこまでやれるかが重要だったのだ。

「このメンバーで行けるところまで行ってみようぜ！　はじめてのコスタリカを丸ごと楽しめばいいじゃん」

そんなふうに言うけいに、伏見も一〇〇パーセント賛成だった。

コスタリカのその大会は、きちんと運営されているとはいえなかった。大会側から

「森には毒蛇がいるから気をつけろ」と注意されていた。そうであればと、安全で歩きやすそうな人工の用水路を進んだ。すると別のチームが大声で注意してきた。「そこはワニがいるからヤバイよ！」。

原始の森を抜け、ヤシのプランテーション（巨大農園）に入る。安全圏に入ったと思いきや、その作付面積はあまりに広く、かつどこまでも同じ風景なので、ナビゲーションが自然林よりも難しかった。

自然だけでなく、文化もまったく違っていた。レースの運営スタッフはまさにラテン的。手描きの地図を渡されたが、地元の人にしかわからないような大雑把なものだった。何とか到達したプランテーションの中のチェックポイントには、目印のフラッグ（旗）がなかった。あとでわかったことだが、大会側のスタッフが間違った場所にフラッグを立てていたのだ。さらに補給ポイントでは、あるべき自分たちの装備が搬送されていなかった。

「もしこれが日本だったら参加者は文句ブーブーになるところなんでしょうけど、けいさんは、まあ、しょうがないねという感じだった。アクシデントもレースのひとつ、と考えていたんでしょうね。装備がないとわかったときも、え！　ないの！　マジで〜みたいな感じで笑顔で言っていたし。悲壮感はまったくなかった」

伏見が見せてくれたレース中の写真は、たしかに笑顔のものしかなかった。

「トラブルが判明した時点で、けいさんはすぐさまそれを次の行動の立ち位置にしてしまうところがすごかった。なんで装備がないの?とか、もう実際に起きてしまったことに対して不満をぶつけることはなかった。いつも、現状がこうなら、では、と次の動きを展開できる。許容範囲が大きいというか。トラブルが起きて、あれ?ってなった次の瞬間に、もうベースの位置を変えているんですよね。そこからもう一回組み立てていこうとする。しかも、その次にどうするかというところまで楽しんでやっていた」

過酷な自然環境のなか、肉体的につらい時間の続くアドベンチャーレースでは、感情をコントロールできずに怒り出すレーサーもいる。そんなことはなかったのだろうか。

「なかったですね、まったく。こう言ってしまうと、ストイックさが全然ないみたいで、いいことなのか悪いことなのかよくわかんないですけど」

レース終盤にはラフティングがあった。このセクションは、現地のリバーガイドのサポートを受けることができた。ただし、それを使うと減点になってしまうという。予想どおり、けいはこう言った。

「やる前に減点ってのもなんだし、私たちだけでやっちゃおーか。私がラダー（舵）をやるから」

川に出てみると、そこは息つく暇もないほどの荒れた瀬が続いていた。

「流れよりも速く進めばコントロールできる！」

と叫ぶけいに、全員が全力でパドルを漕ぎ続けた。全員のパワーと、けいの神業的ラダーで激流を漕ぎ抜ける――。そんな願望は波が逆巻くホワイトウォーターにかき消され、ひっくり返って全員が流されることになった。それもでも何とかチェックポイントまでたどり着いた。

その後、市街地のランをこなしてゴール地点まで達したが、制限時間をクリアしていない関門があり順位は与えられなかった。しかし、大会側は大和撫子旋風に「敢闘賞」を与えた。

結果に対してけいは何も言わなかった。代わりにけいの口に出てきたのは、「コスタリカをもっと楽しんで帰ろうよ。あした、もう一回ラフティングをやりに行こう！」だった。伏見は「えっ！　まだ行けんの？」と返した。というのも、あしたは帰国日なのだ。ただ、フライトは夜の便なので、日中にギリギリで何とか一本下れるかもしれない。

レースでの時間制限オーバーは完走を逃すだけだが、飛行機の乗り遅れは伏見にとって致命的だ。何しろ帰国翌日から職場に仕事が待っている。

「なので、レース以上に本気で漕ぎました」

そして、ラフティングを終えると空港へ猛ダッシュ。搭乗ゲートの「制限時間」は、何とか突破できた。遠ざかるコスタリカの街の光を眼下に見ながら、伏見は「このメンバーでできるところまでやってみる」という目標は達成したと感じていた。

「あの大会は、すべてを含めて丸っと楽しんだ感じでしたね。それはけいさんがいたから。けいさんは、何においても楽しいことを自分でつくれる人でした」

その後、けいは毎年のようにヒマラヤの峰々に通いはじめ、アドベンチャーレースの出場回数は減っていった。

登山の実力をつけたけいは、二〇一二年にフランスのモンブラン登山に伏見と二人のレース仲間を誘った。一七八六年にモンブランを初登頂したM・パッカールとJ・バルマは、山麓の村シャモニの教会前からその登山の一歩を始めたといわれている。いまでは標高約三八〇〇メートルのエギーユ・デュ・ミディ山頂部までロープウェイが延びているので、街から歩く必要はもちろんない。だが、けいと伏見たちは二〇〇年以上前の初登頂時と同じように、その教会の前から登山を始めたのだった。まさにそれこそけい的な「丸ごと楽しむ」登山だった。伏見は言う。

「登山の計画を立てるとき、その計画に魅力を感じるか、感じないか。その線引きがけいさんにはビシッとあった。他人が見てすごいとかではなくて、これをやったら面白そうだというところに目を向けてやっていた。結果だけを気にするプロだったら、そうはならなかった気がします。だから、私たちのような友達とも楽しく遊べたのかもしれない」

モンブランは結局、山頂まで登れなかった。だが、普通にロープウェイを使って登頂するよりも絶対に楽しい山行だったはずだと伏見は繰り返した。

「とにかく、一緒に楽しいことをする身近なけいさん、という感じでしたね。私だけなく、ほかの仲間もみんなそう思っていたと思いますよ」

たしかに伏見たちにとっては、最後までそうだったかもしれない。しかし、女性ではじめてピオレドール賞を受賞したけいは、実力のあるクライマーとして知られていた。

「でも、けいさんは、私はクライマーじゃないからって言ってました。じゃあ何なの?って私が聞くと、旅人、かな。うーん、山を登る旅人かな、なんて言ってました。

でも、それじゃあ、雑誌やテレビでけいさんを知った人には意味がわかりませんよね」

にこやかな表情で、伏見は続ける。

「でも本当にけいさんは旅人って感じで。いつもどこにいるのかわからなくて。電話が通じると、いま成田に着いたばかりだからあした行くよーってな感じで、飲み会とかにも突然来てくれた。けいさんのほうからも、この日、山に行かない?って、いきなり連絡が入ったりする。普段会っていないのに、身近な存在で。こうやってけいさんの話をしていると、まだ近くにいるような気がするんですよね」

けいがまだ近くにいて見守ってくれているのであれば、私たちは行動しつづけ、すべてを丸っと楽しんでいかなくてはいけないのでは。そう私が言うと、伏見は爽やかな声で答えた。

「そうですね、手を抜いて遊ぶわけにはいきませんね!」

第3章 はじめてのヒマラヤ登頂

ゴールデン・ピーク

コスタリカのアドベンチャーレースに参加した二〇〇四年、谷口けいはカラコルムのゴールデン・ピーク（七〇二七㍍）とライラ・ピーク（六〇九六㍍）に連続登頂している。パートナーは、その後、ムスターグ・アタ、シブリン、カメット、ガウリシャンカール、ナムナニ、シスパーレという難峰で行動を共にすることになる平出和也だった。

一九七九年生まれの平出はけいより七歳年下で、東海大学山岳部出身のクライマーだ。前述のように私と平出は大学四年生のときにチベットのチョー・オユーに登頂。その報告会にけいは参加していた。

だがその後、けいと平出は二年半ほどお互いの存在を忘れ、それぞれの活動をしていた。けいは〇二年、〇三年と二年連続で野口健のエベレスト清掃登山に参加。一方、平出は二度カラコルムに赴いた。

学生のときにチベットでの登山を経験していた平出だったが、パキスタン北部山岳地帯のカラコルムはまだ行ったことのない山域だった。自分にとって未知の場所で、誰にも頼らずにオリジナリティーのある登山をやることでクライマーとして大きく前進したい。平出にはそんな気概があった。

平出はカラコルムに関する資料を集め、登攀記録などを地図に書き込んでいった。A3の地図をつなぎ合わせていくと畳一畳ほどの大きさになった。その地図を携えて二〇〇二年の夏、平出は独りパキスタンへ偵察の旅に出た。フンザからトレッキングを開始すると、すぐに天を突くような岩峰や急峻な岩壁を有する白い山々が次々と現れた。資料と地図から想像していた山々のイメージは、現実の山のスケールにすぐさま打ち砕かれた。

山麓に点在する村々を渡り歩き、一カ月にも及ぶトレッキングの最後に、平出はゴールデン・ピーク（スパンティーク）を見つける。山頂からゴールデン・ピラーと呼ばれる大きな岩壁が薙ぎ落ちるその山は、夕日を受けると金色に染まり、まさにゴールデン・ピークという名前そのものだった。その光景を見た瞬間から、平出の次の目標が決まった。

だが、パキスタンではどのように登山をこなしていけばいいのか、当時の平出にはまったくノウハウがなかった。そこで翌〇三年、飛田和夫と寺沢玲子の率いるキンヤン・キッシュ（七八五二㍍）登山隊に参加させてもらうことになる。

飛田と寺沢は、平出が〇二年にカラコルムへ偵察のトレッキングに行く際たまたま同じ飛行機になり、会話を交わしていた。そのとき、平出は自作の地図を手に持っていた。平出がそこに書き込んでいた登攀記録や情報は、カラコルムに精通した二人から見れば間違いが多かった。だが、そこから滲み出る平出の情熱を強く感じ取った二人は、自分たちのキンヤン・キッシュ登山隊に平出を受け入れることを快諾したのだった。

だが、飛田たちが向かった西稜は下部が難しく、長大だった。登攀に時間がかかり、稜線上にある六〇〇〇メートルの未踏のピークに達するまで一カ月かかった。さらにその先は雪崩の危険性が高く、登頂は叶わなかった。しかし平出は、登山技術のみならず、登山許可の取り方から山へのアプローチの仕方、そしてベースキャンプの設営法などパキスタンでの登山のやり繰りの多くを学び取っていた。

二〇〇四年が明けると、いよいよ平出はゴールデン・ピークに向かって動きはじめた。ゴールデン・ピークの写真をA４サイズに引き伸ばし、クリアファイルに入れて持ち歩いた。キンヤン・キッシュ遠征後、遠征に行かせてもらえる条件で登山用具を販売するＩＣＩ石井スポーツで働いていた彼は、アルパインクライマーが来店するたびにそのファイルを見せて隊員を募った。

「あのときは店の商品よりも、自分の遠征をプレゼンするほうが熱が入っていたかもしれませんね」

だが結局、パートナーは見つからなかった。最終的に平出は、飛田和夫に一緒に行ってくれるようにお願いした。飛田からは「協力するよ。ぜひ登ろう」と、二つ返事が返ってきた。二〇代半ばの平出が発していた山への「熱」に押されたかたちだった。

出発が一カ月後に迫ったある日のこと、けいがふらっと店にやってきた。チョー・オユー登頂報告会以来の再会だった。平出はファイルをけいに見せた。飛田と二人で行くことが決定していたため、平出は彼女を遠征に誘うつもりはなかった。ただ自分の計画を知ってほしくてファイルを見せたのだった。ファイルの写真に目を落としていたけいは、顔を上げると、平出を真っすぐ見て言った。

「私、これ行きたい。行くから」

ファイルに入れられたゴールデン・ピークの写真には、予定のラインも描かれていた。けいは平出と同じように、クライマーとしてそのバリエーションルートに心を惹かれたのだろうか。

「いや、そのルートというよりかは、未知の、自分の知らない世界を見てみたいという気持ちのほうが強かったんでしょうね。パキスタンはイスラムの国ということもあり、女性一人では旅行すること自体が難しい国です。けいさんは、登山以前に、パキスタンという国自体に魅力を感じていたのだと思います」

その後、大急ぎでけいは遠征の準備をこなしていった。その手伝いに寺沢玲子が駆けつけたことがあった。寺沢とけいは東京都山岳連盟遭難対策委員会の集会で一度顔を合わせていたことがあったが、落ち着いて話をするのはそのときがはじめてだった。

「よろしくー！」

快活な声で、けいは寺沢にあいさつをしてきた。寺沢が第一印象で感じたけいは、しかし、皆が知っている「元気なけいちゃん」ではなかった。寺沢はそのとき、一九九三年に宝剣岳で滑落して亡くなった笠松美和子とイメージを重ねていた。

笠松は、一九八二年にグランド・ジョラス北壁ウォーカー稜を山野井妙子（旧姓、長尾）と女性初の冬季登攀を成した一流のクライマーだった。笠松はストイックなことで知られていて、寺沢も笠松のことをこう振り返った。

「週末の谷川岳登攀のために、月曜日からアイゼンの爪を研いでいるようなクライマーだった」

当時、寺沢は笠松と何度も一緒に山へ行っていたが、笠松にはどこか沈む気持ちを無理やり明るくしているところがあることに気がついていた。そんな笠松と、「元気なけいちゃん」。表面的には正反対なのだけれど、その二人がなぜか重なったのだ。それは、極限の山を目指しているという共通点があったからではなかった。寺沢は言う。

「笠松さんはものすごく突っ張って生きていた。けいちゃんはとても明るいんだけれど、どこかでやはり突っ張っているのがちょっと感じられて。それが、笠松さんとオーバーラップして見えてしまった。けいちゃんは、無理して明るくしているのではないのだけれど、何となく空洞みたいなものが見えてしまって。ただそのときは、その空洞が何なのかはわからなかった。そんな彼女を見て、言い方には語弊があるけれど、見捨ててはおけないなと。そのとき、私は一緒に遠征に行かなかったのだけれど、平出のことはよく知っていたから、平出と組んでいれば安心だなと思っていた」

そんな「空洞」を平出はけいに感じることなく、パキスタンへ出国。寺沢が持った第一印象とは裏腹に、けいはひたすら元気に二カ月に及ぶその「旅」をこなしたのだった。

パキスタンの首都イスラマバードに着いたのは、夏が始まったばかりの二〇〇四年六月上旬。入国するとすぐにけいは、イスラムの女性が被るショールを買ってきた。そして、飛田や平出よりもいち早く街に飛び出していっては、現地の人しか行かないような混沌とした市場に入り込み、安いフルーツやジュースを買い込んで帰ってきた。平出と飛田にそれを分けながら、「一生分のマンゴーが食べられそうだね！」。

その日の日記には、こんなコメントも。

〈太陽がギラギラ。でも太陽の恵みは素晴らしい！　果物がおいしい！〉

ベースキャンプまでのアプローチにはウルタル、ディラン、ラカポシなどカラコルムの名峰がひしめいていた。けいは四囲に広がる氷と岩の一大スペクタクルに何度も見入っていた。

ベースキャンプまでの行程の大半は、足場の悪い岩のガレ場に引かれた踏み跡だった。けいは、一日の移動を終えると読書をしたり、日本の友人にはがきを書いたりして過ごした。日記からは、自分本来のペースを取り戻していることがうかがえる。

〈エベレスト清掃隊とは違い、すべて自分の時間だから心にもゆとりを感じる。こんなに読書がはかどるのも久しぶりだ〉

けいはこの遠征より以前、『山と溪谷』二〇〇三年十月号の「ADVENTURE REPORTS 読者がつくる冒険記録集」というコーナーにこんな寄稿をしていた。

〈私は山が好きだ。ただ山を歩いているだけで幸せになる。山へ行くと気持ちに磨きがかかる。なんだか自分の中にもやもやしたモノがあるときは、山の中に行けばいい。山へ行って自分自身と向き合えばいい〉

ベースキャンプまで続く山道で、けいは自分自身と向き合いはじめていたのだろう。文章は、さらにこう続いている。

〈私は、ただ歩いているだけの山から、自然とシビアなものを求めるようになってきた。シビアであるほど自分の姿がよく見えるし、本当にいま必要なものが見えてくる。そこで見えた弱い自分に踏み倒されて終わるのか、それともその腐りかけた自分を乗り越えて強い自分と向き合えるのか。それが大きな別れ道。大地の上で、自分自身との闘い〉

ベースキャンプから先は、アルパインクライマーしか立ち入ることのできないシビアな世界が待ち受けている。彼女の言う〈自分自身との闘い〉が、まさにこの先のゴールデン・ピークで始まろうとしていた。

ベースキャンプに着くと、スペイン隊がいた。彼らは平出たちと同じ北西稜を目指すという。

〈自分たちだけのルートを切り開いて登るほうが楽しいけれど、たまたま同じところを目指してきてしまった偶然なので、お互いのペース&スタイルで楽しく登れればいい〉

けいは日記にそう書いていたが、連日続いた悪天候で彼らは早々に撤退。その後、けいたちは天候が落ち着かないなかアタックを開始した。

キャンプ1から先は雪の状態が刻々と変化し、硬く締まっているかと思えば、次の瞬間には腰までずっぽり埋まる深雪、さらにはスカスカの雪。踏み込んでもその分以上に崩れていく足場に、けいが嘆いた。

「一歩進んで、二歩下がるって感じだねー」

標高約六〇〇〇メートルを超えると、次はアイスクライミングを強いられることに。手も足も限界に近づいたころ、なんとかリッジを登り切って広い雪原に出た。そこにキャンプ2を設営した。

そこまで飛田和夫は胃に痛みを感じながら行動していたが、キャンプ2でそれが悪化し、夕食もまともにとることができなかった。翌日のアタック日、飛田は「お前たちなら絶対登頂できる」と二人を励まし、キャンプ2に残った。入山当初は、二人が無事に登攀を終えられるか心配が絶えなかった。だがここまで来ると気持ちは吹っ切れ、二人なら自分たちでどうにかしてくれるだろうと飛田は思っていた。

空は雲で覆われ、アタック日和とは言い難かった。しかし出発すると、不思議なことにゴールデン・ピークの上空だけがぽっかりと晴れた。けいと平出は希薄な空気に息が切れ、三歩登っては立ち止まっていた。だが、のっぺりとした雪の斜面は単調で、難しい部分はほとんど出てこなかった。

湧き上がる雲のなか雪原を登り詰めると、もうそれより高い場所はなかった。標高七〇二七メートル。けいにとっては、はじめてのヒマラヤの山頂だった。北西稜初登攀でもある。これから続くことになるけいと平出の冒険の「はじめの一歩」は、予想以上に簡単に踏み出せた。

そう思えたのは束の間だった。周囲の雲がゴールデン・ピークにも押し寄せてきて、下山を始めるとすぐにホワイトアウトになった。登りのときには単調だと感じていた雪の斜面は、ルートファインディングが難しい茫漠とした白い空間に変わってしまった。それでもなんとか下山を続けた。約六五〇〇メートル地点まで下ると、白い闇の中で「ドス」という音がした。雪崩の前兆だろうか。二人とも生きた心地がしなかった。何とかたどり着いたキャンプ2で、けいはこうメモに書き記した。

〈疲れたなんていっている場合じゃなかった。一生懸命足を運んだ。いやだ、こんなところで死にたくない！と思ったら、視界が開けてC2までたどり着く。一六時の交信後、ものすごいアラレとカミナリ。頭にびりびりと電気が走る。コワいよー〉

　置かれている状況とは裏腹に、文章には軽やかさがある。天真爛漫なけいの隣で飛田は胃の痛みに苦しめられていた。

　翌日は懸垂下降（ロープに器具をセットして下降する方法）の支点にするため雪に埋め込んだスノーバーの効きが甘かった。そこで、けいがその上に乗り、重みで抜けないようにするという危険な方法をとったのだが、その日の日記は絵文字付きだった。

〈スノーバーで懸垂を始めるも、私がスノーバーの上からどいた途端に抜けた！ので、泣く泣くクライムダウン。次の懸垂は前回埋めたスノーバーがしっかり効いていた(^^)〉

　平出によると、どんなことが起きてもけいは常に明るいままだったという。山は〈自分自身との闘い〉とけいは書いていた。だが、平出から見るかぎり、彼女のゴールデン・ピークは「闘い」ではなく、「楽しみ」そのものだった。

連続登頂

ベースキャンプに帰り着くと、そこは一面のお花畑と緑の絨毯に変わっていた。たった四日間のことなのに、平出にはずいぶん月日が経っているように感じられた。ベースキャンプから見上げる山々はあちこちで雪崩が起きていた。だが、安全地帯にいればもう怖くはない。夕食は、テントの外で光輝くゴールデン・ピークを眺めながら食べた。

翌朝、ベースを撤収したときのことを、けいはこう書き記している。

〈今朝もゴールデン・ピークは輝いている。去り難し。何度も何度も振り返ってその眺めを惜しむ。往路は天気が悪かったから見えなかったゴールデン・ピラーの姿が、どこで振り返っても太陽に輝いている。離れれば離れるほど、ピラーも私たちの登ったリッジも青空にそびえていて、めちゃカッコいいのだ。ホレちゃうほどなのだった。振り返るほどに見とれちゃうのだった〉

フンザの村にたどり着いた七月十四日は、けいの誕生日だった。平出はバースデーケーキと花輪で祝った。登山の達成感を感じながらの、のんびりした一日にする——。

そんな考えは二人にはまったくなかった。二人は近くの岩場へフリークライミングに出かけた。村の宿では脱力感に包まれていたが、クライミングをしてみると意外に力が湧き出てくる感じだった。

「やっぱり登っているほうがいいってことだよ」

けいは言った。そして、朗らかにこう続けた。

「もう一本登ってから日本に帰ろう」

もう一本とは、平出が漠然と計画していたライラ・ピークだった。けいは「ゴールデン・ピークが早く終わったから、やっぱり行っちゃおうか」というような軽いノリだった。しかし、平出がポストカードから見つけていたその山は、天を突くようなトンガリ山。平出には自分たちが登っていい山なのか判断がつかず、その不安を口にすると、

「うーん、行けるんじゃない？　誰も登ったことのないルートから七〇〇〇メートル峰を登れたんだから、それよりも一〇〇〇メートル低い六〇〇〇メートル峰なら難しい登攀もできるはずだよ」

それを聞いて平出は、たしかに登るにはいいタイミングかもしれないな、と思い直すことができた。飛田の胃の調子は戻らず、二人とはそこで別れることになる。後に

わかったことだが、飛田はそのときストレス性胃潰瘍にかかっていた。ヒマラヤ登山初級者の二人を無事に日本に帰さなくてはならないというプレッシャーが誘因になったのかもしれない。

ちょうどそのとき、寺沢玲子も石川信義と共にパキスタンに来ていた。石川は一九六五年東京大学キンヤン・キッシュ登山隊の副隊長兼登攀隊長で、その遠征で隊員一人を雪崩で失っていた。寺沢は、彼をエスコートしてキンヤン・キッシュの見えるところまで慰霊に行き、折り返しているところだった。そこで飛田は寺沢と石川をフンザで待ち、合流することになった。

寺沢がいたこともあり、平出とけいは、ライラ・ピークに向かって出発できることになった。

ベースキャンプから見上げたライラ・ピークは、急峻な斜面が山麓から頂上まで休みなく続いていた。ジェットコースターの急角度の部分が、永遠と空に向かって延びているようなイメージだ。滑ったら、もちろん「絶叫」だけではすまない。いくら眺めても、その傾斜に休める場所は見出せなかった。ルートのイメージを二人で話し合ったが、出てくる言葉は「ヤバイね……」ばかりだった。

それでも出発の朝は、「どうする?」などとお互いの意思を確認するまでもなく、当たり前のようにテントを畳んで歩き出した。パートナーとも、山とも、天候とも、すべてが共鳴しあっているようだった。ゴールデン・ピークで高度順化していた二人は、軽快なスピードで斜面を駆け上がっていった。

しかし、セラックの下を通過しなくてはならない個所に出た。セラックとは、氷河から飛び出た巨大な氷の塊である。そのセラックは学校の体育館ほどの大きさで、それがあたかも落ちそうな角度で斜面に張り付いていた。いつ落ちるかしれないそのセラックの下を、どうしても通過しなければ先へは進めない。まさにロシアンルーレット。

後述するが、二人はその後の遠征で二度、セラック崩壊のリスクがあったため目標の山から撤退している。しかしこのとき、駆け出しだった二人の勢いを止められるものは何もなかった。むしろ、リスクを楽しんでいるかのような雰囲気さえあった。

「サクサク行きましょう!」

平出がそう言うと、けいはこう答えた。

「そんなこと言って。サクサク行って、心臓がドクドクしちゃったらどうすんだよ!」

「ゆっくり行って死ぬのと、サクサク行って死なないのと、どっちがいいですか?」

「サクサク行って死んだらイヤじゃん」

そんな会話を交わしながら核心部を越えた二人は、二日目の早朝に登頂を果たす。トンガリ山であるライラ・ピークの山頂は狭かった。ギリギリのスペースに腰かけると、目の前には三六〇度の大展望が広がっていた。けいはつぶやいた。

「地球は広いねー」

紺碧の空、見渡すかぎりの峰々、喜々とした表情のけい。それらの光景は、いまも平出の瞼の裏側に焼き付いている。

翌日の夕方、二人はベースキャンプに帰還した。そこでは現地のスタッフがお茶におにぎり、アプリコット、そして野菜たっぷりのバルティスープまで作ってくれていた。大盛りの食事を食べながら、平出は「今回の遠征でいちばんつらかったのはどこですか?」とけいに聞いた。

「つらかったってところはないなあー」

そして、こう続けた。

「つらいっていうのはなかったけれど、出発前とか、一歩踏み出す前の恐怖はすごくあった。一歩踏み出してしまえば、その恐怖はもうなかったけれど。とにかく一歩間違えればすべて終わりっていう山だから、自分の一手、一歩にすべてがかかっていたよね。大げさかもしれないけれど、命を賭けて登れたいい山だったね。手も足も、とっても疲れたけどさ」

二人は、カラコルムの高峰を立て続けに二峰も登ってしまった。大きな登山隊に所属せず、自分たちで作り上げた登山は、確かな充実感を二人に与えてくれた。平出はいま、こう振り返る。

「誰も登ったことがないところに登りたいというモチベーションが、僕とけいさんは同じレベルだったのだと思います。さらに、高度順化や登山技術のレベルもほとんど同じだった。だから、同じ目線で、同じように感動することができた。それが心地良かった。どっちかが優れていたら、結局その人がガイド役になってしまっていたでしょう。あのゴールデン・ピークからその後、ずっとお互い同じようなペースでステップアップしていくことができた。ひとつの山が終わると、さらにもっとステップアップした山も登れるんじゃないかなと二人で思うことができた。そういうふうに、その後、同じ目線で見てやっていけたことで登山を成功させてこられたんだなと思います」

首都イスラマバードに戻ると、二人は山のポスターや絵はがきを買い込んだ。そこには魅力的な山の写真が溢れていた。安全な街に下りてきた安堵感に包まれながらも、二人は次の冒険をもう夢見ていたのだ。

夜になると、街の通りはたくさんの屋台で熱気に溢れ出した。彼らはカバブ屋台を三軒もハシゴした。けいは日記にこう書き記していた。

〈久しぶりにおいしい肉を食べた。ちょっと食べすぎか。いいのだ、今夜は久しぶりのベッドでゆっくり眠れるのだ〉

第4章

小・中学校時代

本の世界へ

　エベレスト清掃登山を二回行なったあと、ゴールデン・ピークとライラ・ピークを連続登頂したことで、谷口けいはヒマラヤンクライマーとして走りはじめていた。だが地元、千葉県我孫子市の同級生の多くは、けいがそんな過激な登山をしていることを想像すらしていなかった。高校までのけいは、読書と料理が好きな普通の女の子だったからだ。

　小・中学校を共に過ごした同級生の呼子《よぶこ》美穂子は、現在、我孫子駅の近くで美容室「フルール」を経営している。けいは実家に戻ってきた際には、呼子のところへ髪を切りに行っていた。

　けいは登山を始めたことを呼子に話していたが、リスクのある激しい登攀をしていることは言わなかった。野口健が北八ヶ岳に登ったシーンがビールのテレビコマーシャルで使われた際、その後ろに小さくけいが写っているのを見つけて、「あれ？　けいちゃん？　なんで有名な登山家と一緒にいるの？」と驚いたほどだった。

　その後、けいが実力のあるクライマーであることを知った呼子は、うれしくて同級生にけいのことを話した。だが「運動もしていなかった彼女がなぜ？」というリアクションがあればいいほうだった。ほとんどは、「けい？　あー、そういえばそんな子いたね」というような薄い反応だった。

いったい、けいは小・中学校でどんな子だったのだろうか。

「クラスの中でいちばん人気があって中心的なグループを一軍だとすると、私とけいちゃんは、二軍とか三軍ぐらいにいる子でした。キラキラした一軍からは、いつも離れたところにいましたね」

呼子は美容師だけあり、髪を自然に美しく染めている。二児の母でありながら学生のような若々しい雰囲気のある彼女が、そう言うのが私には意外だった。

「それで、けいちゃんとは、いつも仲良くしていたな」

当時、キラキラした一軍の子どもたちは、チェッカーズを中心に芸能界の話をよくしていた。けいと呼子が小学校五年生だった一九八四年に、チェカーズは大ヒットとなる「涙のリクエスト」をリリースしている。当時は、ほかにも松田聖子、中森明菜、近藤真彦などが毎晩お茶の間をにぎわすアイドル歌謡全盛期だった。クラスの人気者たちは、その物まねをすることでクラスを盛り上げていた。

だが、呼子もけいもアイドルにはまったく興味がなく、その輪の中には入らなかった。二人とも背はクラスの中で小さいほうから五番目以内。目立つタイプではなく、授業でも自分から率先して発表することはなかった。ましてやクラスをまとめるような立場に立つことは一度もなかった。そればかりか、けいは「三軍」の仲良しグループの中でも、リーダーとなるようなタイプではなかったという。

大人になってからのけいは、アドベンチャーレーサーやクライマーの集まりで誰よりも多く発言し、常に新しい方向にグループを導こうとしていた。そして一般の人を対象にした講演会では、華のある明るい声で聴衆の心を捉えていた。その彼女が、小学校時代は「三軍」だった……。

同じ仲良しグループの木澤弘子とは「私たちは体育、嫌いだよねー」と言い合い、昼休みもグラウンドに出ずに図書館で過ごしている時間が多かった。

小学校六年生に進級すると、数人一組でさまざまな「係」を分担することになった。けいと呼子と木澤の三人は、「一年生の面倒を見る」係をやりたくて立候補。その係にはキラキラした子たちも手を挙げてきた。そのとき、ジャンケンなどで公平にメンバーが決まったのであれば、記憶にも残らなかっただろう。しかし、その決め方はけいたちにとって残酷だった。クラスの中で「誰がその係に適しているか」の投票が行なわれたのだ。当然のようにキラキラした一軍が選ばれ、けいたちは落選。その後、彼女たちには「トイレ掃除」当番が回ってきたのだった。まさに泣きっ面に蜂。はじめからトイレ掃除が好きな子などいない。だが、けいはすぐにその掃除を楽しむようになる。汚れていた便器が、自分の掃除できれいになっていくのがうれしかった。けいの姿をみていると、呼子もやる気になっていった。

「あのときは、一年生の面倒を見られなかったエネルギーがトイレ掃除に向かったという感じでした」

結局、二人で「手でさわれるよね」と言い合えるくらい便器をピカピカにすることができた。けいは休み時間でさえも、便器が汚れていないか確認しにいくこともあった。どんなことでも、それをポジティブに捉え、まわりを巻き込みながら楽しんでしまう力が当時からけいにはあったのだろう。

一年生の面倒を見たがったけいのこと、彼女は本当に小さい子や動物をよく可愛がっていた。拾った犬を自分の家で飼っていて、「獣医さんになりたい」と話していたこともあった。そして六歳離れた弟の保育園のお迎えは、ほとんど毎日けいがやっていた。

「あのころは、ねえちゃんが母さん代わりでした」

当時を振り返り、弟の隼はそう語る。母親の正子は、ディスプレイデザイナーとして多くの店のショーウインドーのデザインを手がけていた。父の尚武は東京大学法学部卒で、大手鉄鋼メーカーに勤務。バブルの真っただ中、二人とも次から次へと舞い込んでくる仕事に追われていた。正子が帰ってくるのは隼が寝るころで、夕ごはんはほとんど毎日けいが作っていた。兄もいたが、父の後を追うようにエリートを目指して家では勉強しかしていなかった。けいと隼は何をして遊んでいたのか聞いてみると、

「恥ずかしいんですが、僕は女装をさせられたりしていました……。それで、みーちゃん（呼子）たちが遊びに来ると、かわいい～とか言われて。あの女装の何が楽しかったのか、よくわかりませんが。でもねえちゃんと自分は、とにかく仲が良かった。でも兄のほうはけんかを売りつけてきたりして、正直、仲が良いとはいえなかったですね」

その兄に、けいがやり返すことはなかった。だが、友達とはけんかをすることはあったようだ。呼子とも何度もけんかをしたが、けいは、相手をやり込めてしまうような言い方をすることはまったくなかった。だから、けんかはしてもすぐに仲直りできた。

そのけいの性格を投影するかのように、図工の時間に描かれた絵は優しいイメージの作品が多かった。その何点かは、県のコンクールに出展。そのセンスは母親譲り

だったのだろうと、呼子は思っている。当時、けいの家には、母の正子が趣味で描いたという畳一畳ほどの油絵があった。ディスプレイデザイナーの彼女には絵のセンスもあったのだ。

また、正子が考えた家の造りは、ロフトや中二階が複雑に入り組み、ジャングルジムのようになっている部分もあり、普通の家とは違っていた。そこに住んでいれば、人とは違う感性が自然と身につきそうな個性的な家だった。

呼子は図工の時間、校庭の花を描いていたけいの隣に座った。鮮やかな花が、強い日差しを受けて咲いていた。けいのように美しい色彩の絵を描いてみようと思っていると、突然、「あなたたち二人はいつも一緒にいるから離れなさい」と先生に言われ、離れた場所に座らされてしまった。大人のけいなら反論するところだが、このとき、小学生のけいは何も言えなかった。

五、六年と二年連続で担任になったその先生は何かと几帳面で、自由を束縛してくるようなことが何度もあった。しかし自由が感じられなかったのは、その先生のせいばかりではなかった。学校全体に自由な発想を抑制するような雰囲気があったのだ。校門に掲げられた国旗、県旗、校旗の三旗の掲揚の仕方がそれを象徴していた。いまでは想像すら難しいことだが、その昇降中は生徒全員がその方向を向いて直立し、動くことを許されなかった。毎日、朝と夕方の二回、生徒全員が旗に向かって人形のように動かなくなり、小学校は水を打ったように静まり返った。

ただ、そんな学校生活の中で、けいが叱られることはなかった。先生に叱られそうなときは、それを察してか、いつの間にかその場からいなくなっていたのだ。反抗的な態度を見せることのなかったけいだったが、大人への反発心のようなものを持っているような気配はあった。呼子は、家への帰り道でけいが「大人は自分を信頼してくれないから嫌だ」と、何度か言っていたことを覚えている。

「自分の生き方をこういうふうにしなくてはダメだ、と大人に決められるのが嫌だ」とも言っていた。それは、はじめ学校に向けられているのかと思っていた。しかし、あるエピソードから、けいの反発心は母親に向かっているのかもしれないと呼子は感じるようになった。

小学六年生だった一九八五年、けいの家から電車で一時間の距離にある茨城県の筑波研究学園都市でつくば万博（国際科学技術博覧会）が開催された。そこでは四八カ国と三七の国際機関が協力し、最先端の科学と芸術、そして世界の自然が紹介されていた。

二人は朝早くから出かけていった。学校という狭い世界しか経験していないけいたちにとって、それはあまりに刺激的だった。一日はあっという間に過ぎ、気がつくと午後も遅い時間になっていた。当時二人は同じ英会話の塾に通っていて、その日は万博から直接教室に向かう予定だった。しかし、盛り上がってしまった二人は、早く帰ろうなどとは当然思わない。公衆電話から母親に、塾を休む旨を連絡することにした。呼子の母は快諾してくれたが、けいの母は違った。「塾に行きなさい」と言う。バラバラで帰るわけにもいかず、結局、呼子も一緒に塾に向かうことになった。

呼子にとってショックだったのは、夢のような万博の世界から現実に早く戻されたことではなかった。その夜、けいが帰宅後に母親に言われたという言葉をけいから聞いたことだった。

「石山さん（呼子の旧姓）は物事に流されやすい人で、あなたもそういうことがあるから、もう石山さんと遊ばないように」

その後しばらく、二人は少し離れた関係になった。でも、もともと気が合い、仲が良すぎるくらい良かったからまたすぐに遊ぶようになった。そんなこともあり呼子は、けいが学校だけでなく家でも束縛されているのでは、と感じるようになっていた。

ある日図書室で、呼子はけいに一冊の本を勧められた。A・リンドグリーンの童話『長くつ下のピッピ』だった。大人になり、子どものときの記憶はほとんど薄れてしまったが、呼子がその本のことを覚えているのは、ストーリーがけいのそれからの生き方と似ていたからだ。それは、親をなくした九歳の少女ピッピが自由奔放に生きる物語。行儀は良くないけれど、強くて明るいピッピは、皆を巻き込みながら冒険の旅を続けていく——。

小学校のけいは、その本の中に浸りながら、いつか自分も広い世界で冒険の旅をしてみたいと思っていたのだろうか。

同じころ、隼もM・エンデの『はてしない物語』をけいからプレゼントされている。これは現実の世界でいじめられっ子だった少年が本の中に入り込み、「汝の欲することをなせ」という言葉に従い冒険を続けていくのだが、次第に彼は元の世界を忘れていくというものだ。次々と現われる試練を乗り越え、現実世界に帰還した時、彼は以前と違う自分になっていた。

「分厚い本で、当時一年生だった僕には難しい本でした。それでも頑張って全部読んで、気に入っていたのだけど、結局なくしてしまって。かなり探したけど見つからなかった」

ところがその本は、けいの遺品を整理しているときに彼女の部屋から出てきたという。

「ねえちゃんは、その本をはじめから自分のもんだと思っていたのかもしれませんね」

昼休みにけいと図書館で過ごしていた木澤も、「とにかく本が好きな女の子でした」と振り返る。けいは木澤の家で好きな本を見つけると「図書カード」を自分で作り、本を借りていったという。木澤や呼子は、けいからあれこれの本のあらすじや感動した場面を教えてもらっていた。けいはいつも、自分たちでは思いつかないような視点で物語を捉えていた。そのけいが学校で作った詩や工作や絵は、誰の作品とも違う独特のものだった。その想像力は、本を読むことでも養われていたのだろう。

あるとき木澤は、黄色地のフェルトで作った小物入れをけいからもらった。グレーの蟻のアップリケが付いていて、ラッパのアクセサリーがぶら下がっていた。ラッパを付けてくれたのは、木澤が小学校のクラブ活動でラッパを吹いていたからだった。縫い目は細かく均等で、時間をかけて作ってくれたことがわかった。

目立つことはなかったが、けいの存在は、呼子や木澤の学校生活を間違いなく輝かせてくれていた。

ほかのクラスだった國部《くにべ》りえは、けいにとって唯一のキラキラした「一軍」の友達だった。彼女とは家が隣で、幼稚園のころからの親友だったのだ。

「けいちゃんは、遊びが終わるとすぐにうちに戻って本を読んでいた」と、呼子や木澤と同じように本好きだったけいのエピソードを語った。だが、それに続く幼少のころの話は、呼子とは逆のものだった。

「はじめて会った幼稚園のときは、もっともっと元気でおてんばな感じだったんですよ」

けいが隣に引っ越してきたのは四歳のときだった。それまでけいは一年間、父親の仕事でアメリカにいた。はじめて会ったころ、けいは「将来はオーストラリアに住んでみたい」「コアラを抱っこしてみたい」と、國部がまったく想像をしていないようなスケールの大きなことを次々と話していた。

國部の家の庭は広く、祖父の趣味でヤギやクジャクを飼っていた。その動物と遊んだり、木登りをしたりして二人はよく遊んだ。庭の隅は手賀沼に向かって崖になっている部分があり、そこを登るような危険なこともしていた。二人の家は広い空き地を挟んで離れていたが、そこを長い糸電話で結んで話をしたこともあった。高学年のときとは違い、幼少のころのけいは無邪気そのものだった。けいは気も強かった。國部が遊ぶ約束を破った日の夜、けいから電話がかかってきた。けいは「うそつき!」と大声で言うなりガチャンと受話器を叩きつけて切った。

小学校に入ってからは、登校前に二人で縄跳びをしたり、ジョギングをしたりと秘密のトレーニングをした。けいははじめから運動が嫌いなわけではなかったのだ。

「あのころまではイケイケのけいちゃんだったんですよね。二人ともおてんば盛りだった。それがけいちゃんは、いつの間にかおとなしくなってしまった……」

おしゃれで活発な國部はクラスの人気者になり、どんどん友人を増やしていった。だが、けいは、三年生ころから本当に自分と気の合う友人たちだけと付き合うようになっていた。

國部とけいは同じピアノ教室にも通っていた。発表会では、けいと國部はお揃いの服を着て壇上に上がることもあった。だが、練習のときからけいにやる気は感じられず、けいの部分を國部が先に弾けるようになることもあった。五年生の夏休みには二人でYMCAのキャンプにも参加したが、集団の中でけいが何をしていたのか、國部はまったく覚えていなかった。

「けいちゃんは、小学校の高学年になるころから、私とは違うものが見えてきてしまったんでしょうね。きっと自分のやりたいことを突き詰めて考えていたんでしょう。私はなんとなく、ボワーっと普通の女の子になっていったけど、けいちゃんは煮詰めていたと思うんですよ。自分がどうあるべきかということを。本を読んでいたのは、物語の中に自分の思いに近い人を探していたんだと思う」

おとなしくなってしまったけいだったが、夏休みに國部が会うと、久しぶりに元気よく話してくれたことがあった。それは父親と行った山からの風景だった。

「雲を手で摑めるくらいまで高く登ったんだよ！　もう少しで摑めそうだったんだけど、さわれなかった。本当にもう少しだったんだ」

そんなことをけいは活き活きと話した。登山をしたことがなかった國部には、けいがなぜそんなにうれしそうなのか、そのときはまだわからなかった。

ホームメイキング部

自分のやりたいことを模索しているかのようなけいだったが、入学した中学校は、そういう思考を許さないような生徒管理がなされていた。

校庭の巨石には「忍」と「耐」という字が、ガチガチとした恐ろし気な筆致で刻まれていた。男子は坊主頭、女子の前髪は眉毛にかかってはいけないという校則があった。靴下は三つ折りでなくてはならず、スカートの長さも厳密に規定され、毎朝校門にはそれらをチェックする先生が立っていた。

その中学でけいと國部が入ったのは、手芸部だった。「手芸だけじゃなくて、料理もやりたい」。呼子にそんなことを言っていたけい。やがて手芸部は、いつの間にかホームメイキング部に名前が変わっていた。けいは呼子に言った。

「ホームメイキング部なら、料理もできるでしょ」

しかしどうやって規律の厳しい中学校で、部活の名前をカタカナにし、しかも内容まで変えてしまうことができたのだろうか。バスケットボール部に入り事情を知らない呼子には、それが不思議だった。けいは部活で仲間とひそかに楽しい空間を作り上げているにちがいないと呼子は思っていた。

だが、そうではなかった。國部によると、一学年一〇人にも満たないその小さな部のなかでも、けいはまったく目立つことがなかった。後年、部の同級生でけいがその部活にいたことを完全に忘れている人もいたほどだった。ホームメイキング部に改名できたのは、けいの力ではなく、たまたま斬新な発想を持った担任の先生の力が大きかったようだ。

「けいちゃんは、なぜかその先生も嫌いだったんですよ。毎日、部活に遅れてきて、淡々と自分の作業をしている。ただ仕事をこなしているといった雰囲気で、おしゃべりをしている私たちとは離れていた」

部活が始まりしばらくすると、呼子はけいが裁縫で作ったスカートをもらった。フリルの付いたそれは、独特のデザインのものだった。ほかの生徒たちは休日にはアイドルの真似をした流行の服を着ていたが、呼子はけいからもらったスカートを気に入って履いていた。さらに、バレンタインデーにはクッキーを焼いてくれた。きれいに型抜きされたそれは、呼子の弟の分まであった。喜んで口にすると、ケーキ屋さんで買うものよりもずっと自然なおいしいさだった。

同じころ、ファッションに目覚めていた國部は、カールしていた髪にストレートパーマをかけていた。けいに自慢すると「べつにいいじゃん、そんなのどうだって」と、つれない答えしか返ってこなかった。思い返せば、けいは幼いころ國部のカールをいつも褒めてくれていたのだ。けいが少しずつ自分から離れてしまっているのを國部は感じていた。


つくば万博の次に二人で出かけた呼子の「旅」は、けいに誘われたエコーズのライブだった。呼子はほとんど知らないバンドだったが、けいはエコーズが大好きだった。エコーズのメジャーデビューアルバムの最終曲「恐るべき子供達へ」も、その熱気にあふれる会場の中で歌われていたにちがいない。それは散文的な歌詞で作曲されているが、「バリケード」や「クローゼット」という言葉で学校などの管理機構を暗喩し、その中にいる「マリオネット」を解放に導いているようにも聞こえる歌だ。

呼子は、かつてを振り返ってこう確信的に言った。

「けいちゃんは、違う自分、自由な自分になりたいという気持ちがいつもあったのだと思います」

二〇〇八年のカメットの登攀でピオレドドール賞を受賞したけいは、多くの雑誌や新聞で紹介された。呼子は地元の知人や美容室の客にそれを見せ、けいのことを話した。だが「へぇー」と反応するだけで、深い関心を示す人はいなかった。

思うに、彼らに関心を持ってもらうための重要な部分が記事には欠けていた。どの記事にも、けいが我孫子で育ったことは書かれていなかったのだ。多くの記事に見かけたのは「和歌山生まれ」。たしかに事実だが、けいはそこには一年ほどしかいなかった。我孫子のことは、けいが意図的に隠していたのだと思った。

「プロフィールにも我孫子って出してないじゃないですか。お母さんへの反発っていうか、親の力を借りなくてもやっていくんだ！みたいな、そういう気持ちを大学を卒業してからもかたくなに持っていたんじゃないかって。私は出身地を我孫子って書いてくれたらうれしかった。そうすれば、けいちゃんのことを地元の人は親しみを持てたし……。みんな知らないんですよ、けいちゃんって人がいたことを。私はとても、もどかしさを感じていました」

大人になりしばらく疎遠になっていた國部だが、あるときフェースブックのメッセンジャーを通じて、けいから連絡がきた。ヒマラヤのベースキャンプでモーツァルトの「トルコ行進曲」を聴いていたとけいは書いてきた。小学校のときに國部がピアノの発表会で演奏した曲だった。メッセンジャーで何度もやり取りをすると、國部はけいと会ってゆっくりと昔話をしたいと思うようになった。だが横浜の中心で育児をしている彼女にとって、我孫子は少し遠い存在になっていた。そしてけいが帰郷することも少なかった。結局、会えないまま、けいは北海道に消えてしまった。

「中学のころ、けいちゃんはまわりに流されていなかった。さなぎのような状態になってしまっていたのかもしれないけれど、ボワーっと流されている自分より、よっぽど強かった。そのさなぎの殻をバーンと割ってジャンプすると、広い世界に飛び出していった。幼稚園のころ、我孫子で小さな冒険をしているころ、けいちゃんはいつも新しい遊び方を発見していた。そのときのことを私は知っていたから、ヒマラヤでもけいちゃんならやるなと思っていました。自分をストレートに出すことができるようになったんだなと思い、心配することもなく、逆に私は安心して見ていました」

けいが亡くなったあと、國部は子どもを連れて週末にキャンプや車中泊での短い旅をするようになったという。横浜の大都会に住み、自然とは無縁に見える雰囲気の國部がインタビューの最後に活き活きとそれを語りはじめたのが私には意外だった。なぜ、突然そういう旅を始めたのかと聞くと、すがすがしい顔で國部は言った。

「これまで、山や海なんて行っちゃいけない場所だと思ってたんですよ。でも、けいちゃんのヒマラヤの記録を振り返っていると、どこもみんなの地球なんだから、味わい楽しまなければもったいないなという気持ちになってきたんです」

街から離れた山で寝ているとき、海から上がる朝日を眺めているとき、誰もいない海岸沿いの道をドライブしているとき、國部が考えたのはこんなことだったという。

「人は、どこに行ってもいいんだ。ここではなく、どこで生きてもいいんだ、とさえ思えるようになりました。私はこれまでずっと普通に生きて平均点を取らなくてはと思っていた。それが、ここにきて、あれって感じで。こうしなきゃいけない、なんてものは本当はないのだと思います。子どものころから自分だけの世界を探していたけいちゃんは、本当に強かった。いま、キャンプをしているときに、話をしたいなって思う人はいつもけいちゃんです。もし生きていたら、一緒にキャンプや旅に行ってくれて、いろんな話をしていたと思います」

第5章

極限の壁から八〇〇〇メートル峰へ

ドラゴン・リッジ

ゴールデン・ピーク登山の翌二〇〇五年、三三歳の谷口けいと二六歳の平出和也は再びヒマラヤへ向かった。

「お前らに、その計画は絶対に無理だ」

何人ものベテランクライマーからそう言われることとなった彼らの計画は、インドのガンゴトリ山群にある難峰シブリン（六五四三㍍）を北壁から、しかも新ルートから目指すという野心的なものだった。

だが、彼らに気負いはなかった。計画は、平出がけいに何気なく「次はインドのシブリンなんかいいんじゃない？」と言ったことから始まった。けいは『ヒマラヤ　アルパイン・スタイル』（山と溪谷社、一九九六年）という大判の本でその山のことを知っていて、「あの本に出ているシブリンだよね。あの山なら行きたい！」と即答が返ってきた。

二人が目標に定めた北壁は、その数年前にドイツの超一流クライマーであるトーマス・フーバーらが登ったことで知られていた。平出とけいはフーバーとは違うラインを目指そうとしていたが、北壁のどこを登っても相当に難しいことが予想された。だから、二人の計画を聞いた日本人の登山家たちは一様に、彼らの計画を無謀視したのだった。

「けいさんはいろいろ指摘を受けていたみたいですが、僕には直接、無謀だと言ってくる人はあまりいなかったんですよ。ただ、僕たちのことを年配の登山家が嫌っているということは、人を介して知っていました。というのも、みんなステップアップをしてからヒマラヤを登っていますよね。そんな先輩方からすると、僕たちはステップを飛ばしてやっているように見える。山をなめていると思われていたのかもしれませんね」

　では、平出自身にはその「ステップ」を飛ばしすぎているという感はなかったのだろうか。

「前年は七〇〇〇メートル峰のゴールデン・ピークを登ったことで、六〇〇〇メートル峰のライラ・ピークを登ることができました。それと同じように次の年も、六〇〇〇メートル峰のシブリンを登るためには七〇〇〇メートル峰での高度順化が必要だと思っていました。そして実際に、シブリンの直前に七〇〇〇メートル峰のムスターグ・アタに行きました。しかもバリエーションルートから登ることに成功した。そのすぐあとなら六〇〇〇メートル峰のシブリンは、難しいラインでも登れる。そんなふうに考えていて、自分たちの中ではステップを確実に刻んでいたつもりだったんです」

そうはいっても、さすがに不安もあっただろうと私が質問を重ねると、「それを解消してくれたのは、けいさんでした」と。そして静かに振り返った。

「けいさんはいつも、そんなのやってみなければわからないという姿勢だった。行かずに諦めるより、行ってみて、自分たちの実力で登れるか登れないか判断すればいい。そういう考え方を僕はけいさんから教えられたと思う。実力がついてから行くよりも、まずは行ってみて、どこまで登れるか試せばいい。けいさんは、どんなときもそういう考え方をする人でした」

とはいえ、シブリンは壁の中に入ってしまったら登るのも下るのも難しい。つまり、その登攀は「試す」というよりも命を賭けた「本番」になってしまっていたのでは？

「だから僕たちは相当に苦労して、凍傷にもなってしまったわけです。勢いで行ってしまったばっかりに。いま思えば、登るスキルが足りなかった。凍傷になって、降りてきて、やっぱり無理したんだなということがそこでわかりました」

二〇〇五年夏、平出とけいは、二人の仲間、佐藤佳幸と林翼をともなって中国新疆ウイグル自治区のムスターグ・アタ（七五四六㍍）へ向かった。六〇〇〇㍍峰であるシブリンにトライするために予定どおり七〇〇〇㍍峰に登ることにしたのだ。平出は当然のことのようにこの高度順化計画を語っていたが、目的の山よりも高い山に「順化」のために登るという方法は一般的ではなく、ほとんど彼のオリジナルの作戦である。

ムスターグ・アタの手前には、中国西の果ての神秘の湖と謳われるカラ・クリ湖がある。草木の生えない荒涼とした岩砂漠に、深い蒼色の水を湛える広大な湖だ。そこを過ぎると、各国の登山隊が集まるベースキャンプがある。

平出とけいは、この山のバリエーションルートであるドラゴン・リッジ（東稜）を目指していたが、まずは一般ルートから佐藤と林と共に登頂する計画を立てていた。しかし、高山病からくる体調不良で佐藤と林は最終キャンプ付近から下山。アタックした平出とけいも山頂を目前にしてホワイトアウトで撤退する結果となった。

けいたちがベースキャンプに戻った翌日は、皮肉にも抜けるような青空が広がった。そしてその日、スポーツメーカーのディナフィットにサポートされたドイツ隊がスキーを利用し、わずか一〇時間四〇分という驚異的なタイムでベースキャンプから山頂を往復してきた。けいにとって、彼らはまぶしすぎるほどに輝いて見えたのだろう。

彼女の驚きが、この日の日記に表れていた。

〈まさか登頂してこんなに早く降りてくるわけがないと思い込んでいたけれど、BCに向かって駆け下ってくる三人からは一〇〇パーセントの人間のみが放てるオーラが感じられたのだった。すごい記録の樹立だ。信じられないくらいスゴイ。自分たちがたどり着くこともできなかっただけに。そして尊敬する。彼らの戻ってきたときの顔にホレた。めちゃくちゃカッコイイ。この瞬間は、世界中の誰よりもカッコよかったことは間違いない。すごく大きなエネルギーをもらったことに感謝。自分だけヘナチョコしているわけにはいかない。絶対、東稜登頂を成功させよう。自分らしいクライミングをするのだ。

そう、きょう登頂に成功した九人のスペイン隊も降りてきた。この西稜といういわゆる一般ルートの国際キャンプのようなところに来てみて、思いのほか学ぶことは多かった。いろんな人種がいて、いろんなスタイルで各々の目的があって、そして各々のチャレンジがあるんだ。どれがいちばんスゴイとかエライとかじゃなくて、自分のチャレンジを達成することがきっといちばんカッコイイ姿なんだ。しかも、死にかけていた遭難者をC3まで下ろしたのは、このディナフィットチームだった。それを聞いてさらに彼らをカッコイイやつらだと思った。自分のことしか考えていない愛のないスーパーマンじゃなくて、ちゃんと余裕の中で自分自身にチャレンジしているんだなーってあらためて思った。こんな人に私もなりたい。

日本を含めて世界中のあちこちでこんなカッコイイ生命に出会うたびに、そこに居合わせた自分にまた感動する。だから私は旅に出かけるのかもしれない。カッコイイ生命は一つじゃないから。世界中にきっと存在する素晴らしい人生のスパイスを少しでもゲットするために、私は出かけているのだと思ったりする〉

このようにけいは遠征で、「山」だけではなく「人」も見ていた。

「私は山を登る旅人」

彼女は自分のことをそう語っていたが、その言葉どおり、人との出会いを楽しむ「旅人」でもあった。

その後、けいと平出は本命のドラゴン・リッジ（東稜）に向かった。一般ルートとは打って変わり、そこには人の気配がなかった。チベットの辺地の山の最奥部まで来たのだ。

「どうですか？　東稜に向かうのは。怖いですか」と聞く平出に、けいの答えはシンプルだった。

「ワクワクしている」

その続きをけいは日記に綴っている。

〈怖いですかと平出君に聞かれたが、いまはどちらかというとワクワクしている。こうやってギリギリの装備を考えて準備している自分が好きだ。ギリギリの可能性を追求している自分が好きだ〉

尾根の末端から登りはじめて二日目にしてようやく、その先の稜線が見渡せる場所まで来た。稜線は竜の背のように蛇行しながらアップダウンを繰り返している。まさにドラゴン・リッジという名前そのものだった。その最後は、青空に吸い込まれるようにして終わっている。

「もしかして、あれ頂上？　行ける行ける！　絶対登ろう！」

はしゃぐような口調でけいは言った。

次の日、リッジに突入。リッジ上は遠目には見えなかった小さなアップダウンもあり、なかなか高度を稼ぐことができなかった。結局、山頂に立ったのは登山開始から五日目。それでも東稜初登のアメリカ隊が九日間かかったことを考えると、速いペースだったといえるだろう。

下山後、二人は満足感に浸ることはなかった。すぐ次にシブリン北壁が控えていたからだ。

極限のシブリン

けいたちは、いつ土砂崩れが起きたり、谷底に車が転落するかわからないような悪路をつなげてインドのガンゴドリへ。飛行機を使わなかったのは、陸路のほうが人々の暮らしを見られる旅ができるからだった。ガンゴドリから歩きはじめて二日で、シブリンの見えるところまでやってきた。そこはガンジス河の源流部にあたり、すでに世間から隔離した辺地だ。けいは、シブリンが目に入ってきたときのことを日記にこう書き記している。

〈静かでいい所だ。お茶を飲んでからシブリンが見えるところまで歩いていく。雲の中からシブリンが姿を見せてくれた。それにしてもとんがっているわよ。雪も多い。見れば見るほどヤバそうな山だ〉

〈ヤバそう〉と書いていながら、いつものように言葉には軽やかさがある。そして視線は、山だけにとらわれていない。

〈私たちはのんびりと山を眺めながら行く。雲ひとつない場所にシブリンが輝いている。ゴームクでしばし休んで、聖なるガンジス河が流れ出す氷河の末端を見に行く。始まりの場所。世の中のすべての物事において「始まり」ってスゴイことだと思うのだ。生命の始まりとか、愛の始まりの瞬間とか、分水嶺とか……〉

ベースキャンプを立てると、二人は周辺の山で高度順化を行ないながら、威圧的なシブリン北壁を子細に観察していった。けいは軽い感じで平出にこう言った。

「山がお友達になれたら登ろう」

周辺の丘を歩き、見る角度を変えることによって壁の具体的な形状が見えてきた。ただただ威圧的だった壁に、少しずつ自分たちが登れるラインが見えるようになってきたのである。

けいは一人でも偵察を行ない、集中力を高めていった。ある日向かった先は、ベイビー・シブリンと呼ばれる五五〇〇メートルのピークだった。けいはその山腹にテントを立て、こう綴っていた。

〈恐ろしく急斜面の上のコルに作った小さなテント場で、まわりを恐ろしい岩壁に囲まれて、はるかどこまでも白い峰々が連なる不思議な世界で、雪崩の音や氷河の崩壊する音を聞きながら眠りにつく。恐ろしいけれど、幸せだ。誰もいない、誰にもジャマされない。一人ぽっちだけれど、地球に抱かれていると最も感じられる時〉

翌日はベイビー・シブリンの頂上へ。そこからは真正面にシブリンがあった。〈壁があまりに近くて恐ろしい。北壁だけは光も当たらないので、ますます恐ろしい様相だ。登るラインを何度も何度もイメージしながら北壁を見る。見れば見るほど恐ろしい〉

以降、壁の詳細なメモが綴られていたが、最後は決意の言葉で結ばれていた。

〈私は、私たちは登る。スタートしたら、やり直しなんてないのだ。目的地を目指すのみ。目指して登れない山なんてない〉

ベースキャンプに戻ると、アタックまでの三日間は休養日にした。二人は、日本で言われてきた「お前らにその登攀は絶対に無理だ」という言葉を思い出すことがあった。しかし、その壁を眺めれば眺めるほど、その登攀は決して無謀な賭けだとは思えなくなってきていた。そして、天候が回復しはじめ、壁の雪は落ち、山が迎え入れてくれているように思えてきた。

しかし、シブリンの壁といえば、やはり世界トップクラスのクライマーたちが夢見る難壁である。「やってみなければわからない」というけいの信条、壁を入念に観察して「山がお友達になれた」とはいえ、それはあまりに感覚的だ。客観的に見た自分たちの登攀グレードや経験値というものを振り返ることはなかったのだろうか。

「経験という点では、彼女がアドベンチャーレーサーだったことが大きいと思いますね」と平出は言った。「アドベンチャーレースは、不可能だと思うことを何度も乗り越えていく。それって、よりポジティブに物事を考えていかないと終わっちゃう世界だと思うんです。ゴールできない。そんなレースで培ってきたものがあるからこそ、けいさんは山でもよりポジティブに考えることができていたんだと思います」。

では、けい以外のパートナーだったら平出はシブリンに挑戦しなかったのだろうか。

「そうですね。シブリンだけでなく、その後の山もそうです。僕は、シブリンのベースキャンプで弱音を吐いていたんですよ。こんな怖い、世界のトップクライマーが来るような壁に来てしまった。大丈夫なのかな。そんなことを言っても、けいさんはいつも、やってみなければわからないという姿勢でした。だから、僕たちはベースキャンプから出発できたのだと思います」

けいの登攀前の思索は、ただただ「自分と山」の関係だけに向けられていた。他人の自分に対する評価や、壁のグレーディングなど微塵も考えていなかった。「自分がやりたいからやる」「やってみなければわからない」。そのすがすがしい感性は、一般的な登山者の考え方にメスを入れてくる。

多くの人は、山をじっくり見る前に「あの人が行って登れないのだから」「自分の登攀グレードはこうだから」と考えがちだ。それはどこか、学歴や所属する組織を気にする姿に似ている。山でも社会でも、他人の目や社会のポジションに惑わされ、人は自分のやりたい課題に向き合うことをしていない。

そんな一般的な風潮からかけ離れ、いつもけいは「やってみないとわからない」という姿勢だった。そんなポジティブな彼女を平出は尊敬していた。一方で、けいも平出の何気ない言葉に勇気をもらっていたにちがいない。アタック前日の日記に、けいはこう書いていた。

〈午後の間、何度も何度もルートを見上げる。こうしてずっと一緒にいると、あの壁と自分の距離が近くなってくる気がする。こういう時間が好き。お互いがわかり合える気がする。明日に賭けたい、という平出君の言葉に私も異議はない〉

二〇〇五年十月九日、黎明の中、登攀開始。最大限の軽量化を図り、背中のザックは一人一〇キロを切っていた。はじめの雪壁はスピーディーに登攀。しかし、その上の岩壁帯に入ると一気にスピードが落ちた。岩の上にはスカスカの雪が載っていて、いちいち雪を払いのけてから岩角にアックスを引っかけて登らなくてはならなかった。

その日は、ジョウゴ形をした三角雪田の下部まで。急峻な壁に立てたテントは半分が空中に浮かんでいた。

夜ほとんど眠れなかったのは、テントが不安定だったからだけではなかった。軽量化のためシュラフとマットを省き、シュラフカバーだけしか持ってこなかったのだ。ペラペラのナイロンの袋なので、保温性はほとんどない。当然、それだけで眠るのはあまりに寒すぎた。だがそれは、急峻な北壁を登り切るためにあえて甘受すべき試練だった。

二日目は氷雪の斜面へ。傾斜はいっこうに緩まなかった。日がほとんど差し込まない北壁の氷は硬く、アイゼンの爪が刺さりにくい。二人は予想よりも悪い条件に落胆しながらも、高度を上げていった。その夜は、昨晩以上に急峻な壁の中、岩を支点にしてテントをぶら下げた。自分の体もハーネス（安全ベルト）で岩にぶら下がっているため、苦しい体勢で時間を過ごすしかなかった。シュラフのない二人は、体が、とりわけ足の指先がどうしようもなく冷たかった。

三日目は岩と氷のミックス地帯となった。岩のわずかな出っ張りにアイゼンの爪を乗せ、だましだまし踏み込んでいくようなテクニカルな個所もあった。ロープを四ピッチ延ばすと壁を抜け、北西稜に出ることができた。

「太陽の光だ」

北壁に取り付いて以来の日光が、けいの顔を照らした。

「山頂は近いね」

平出とけいは、そんな言葉を交わした。だが、それは目の錯覚だった。そこからも気の抜けない稜線がまだまだ続いていたのだ。ロープを外すことはできなかった。二人とも疲れ切り、比較的平坦な場所を見つけると、その日の登頂はあきらめ、テントを立てることにした。けいはテントの中でこう綴っている。

〈天気はどうなるのだろうか。私たちはサミットできるのか。それとも下降すらできないのだろうか。いまは北壁の自分たちのルートを登り切ったことが何よりもうれしい。相当疲れたし時間もかかったけど、新しいチャレンジを全うしたんだと思うとうれしくてたまらない。やっぱり、やればできる〉

翌朝は傾斜六〇度の雪壁をダブルアックス。出発時にすでに鉛のように重い疲労感があり、スピードが上がらず、山頂も近づかない。「本当にあそこかな」。二人は何度もそうつぶやきながら、ゆっくりと頂上を目指していった。そして昼前、ついに山頂に立った。

「すごいね、まわりの山が全部尖がっているよ」

そういうけいに平出は、「シブリンだって尖がっているよ」と返した。

「テレイサガールも見える。頂上なんていいやと思ったけど、やっぱり来てよかったね」

「北壁はどうだった？」と平出が聞くと、けいは涙声でこう答えた。

「北壁はね、お前なんかには登れないって言われてたんだよね。もしかしたら登れないかもしれないし、死んじゃうかもしれないって日本を出る前は本当に思っていた……。でも、見るだけでも違うよな、自分だからできることがあるよなって信じていて。北壁見たときに、絶対登れるラインがあるはずだって思ったんだよね。たとえばさ、ハンス・カマランダーとかフーバーとかが登ったようなルートは自分には登れないけど、私たちだからこそ登れるルートがあるはずだって。で、見えた、みたいのがあってさ。取り付いたら、それは楽じゃなかったけど、でも自分のできるかぎりの力を出し切ったかなって気がする。うん、北壁、最高だった。シブリン最高。登らせてくれてありがとう。本当に、本当にありがとうございました」


下降も困難を極めた。一人をロープで確保して降ろすと、もう一方はアックスとアイゼンで自力で下降した。氷に穴を開けてスリングで支点を作る「V字スレッド」という効率的な下降技術を、当時のけいたちは使ったことがなかった。

テントに戻ったのは一五時。その下の崩壊しそうなセラック帯は気温の低い早朝に下りたかったため、ベースキャンプへの下降は翌日となった。切り詰めていた食料と燃料がとうとう底をつき、翌朝は何も口にせずに出発。二人とも満身創痍だった。空腹と疲労で判断力は鈍っていたが、少しでも気を緩めれば滑落してしまうため、彼らは最後まで緊張状態にあった。なんとか壁の下に降りると、緊張がほどけたのか、その後は何度も転びながらベースキャンプまで歩いた。

ベースキャンプに到着した直後の二人の写真を見ると、背を屈め、水分を最後の一滴まで絞り取られたボロ雑巾のように弱々しい姿だった。だが目だけは輝いていた。

翌日、平出は足の指の異変に気がついた。黒く腫れ上がり、重度の凍傷になっていた。平出はポーターに背負われて先に下山。この凍傷で平出は右足の指四本を部分的に失うことになる。けいも、切断こそ免れたが足指に重い凍傷を負っていた。

成田空港では、飛田和夫とけいの父・尚武が待っていた。車椅子で運ばれてきた平出は病院に直行した。けいも足を引きずっていた。尚武は、シブリンがハードな登攀になることを予想していたし、遠征中、何も便りがなかったので心配が絶えなかった。

空港で二人の姿を見て「よく無事で帰ってきたな」と安堵した。

それから数カ月、けいは療養のために実家に滞在した。シブリン北壁で死の淵をのぞき込むようなギリギリの体験をしたが、実家でけいは、もう山をやめるような素振りをまったく見せなかった。両親にシブリンの登攀の具体的なことは語らなかったが、「あの壁が登れたことで自信がついた」ということは何度も言葉にしていた。尚武も、「もうそんな危険な登攀はやめろ」などとは一切言わなかった。「昔から反対しても、言うことを聞く子じゃなかったから。大きな声では反抗はしないけれど、じんわり遂行していく子どもだったから」。

尚武は、けいが二〇代で谷川岳一ノ倉沢など日本の岩壁に通いはじめたころから、彼女がエベレストやヒマラヤの壁などリスクの高い場所に向かっていくだろうと予測していたという。けいの弟・隼の冒険に対する意見も簡潔だった。「それは本人が価値を見出してやっているわけで、それが僕らから見て理解できなかったとしても、やればいいと思っていた」。

けいが実家で凍傷の療養しているとき、隼は海外を旅していて不在だった。当時、彼は世界放浪の旅に明け暮れていたという。

「ねえちゃんは高校留学をしましたが、僕は高校を卒業するとすぐにインドへ旅に出たんです。それまで日本で蓋をされていたのが外され、そこからポーンと飛び出て、はじめて心から自由だと思うことができた。この気持ちは、ねえちゃんと同じだと思います。インドの旅は三年で帰ってきましたが、その後もお金を貯めては旅に出る生活を繰り返していました」

旅から旅を続けていた隼はいま四〇歳台になり、実家の近くで園芸の仕事をしている。しかし、普通の園芸ではない。毎年一カ月ほど海外に出かけては植物を採集し、それを日本で育てるという特殊なものだ。

「僕も好きなことをやらせてもらっていたので、ねえちゃんと会ったときは、危ないことはもうやめたらとか言えるはずはなかった。それに大きな山を登ったり賞をもらったりしたときもべつに褒めもしなかったし、すごいことをやっているとも思わなかった。ただ、ねえちゃんらしくやっているなと思っているだけだった」

自由な雰囲気に溢れた隼に、私はけいの姿を重ね合わせて見ていた。けいを語る言葉は少なかったが、けいの冒険の本質的な部分を、彼はきっと誰よりも深く理解しているのだろう。

凍傷で実家にいる間、けいは友達の家に行ったり読書をしたりしていた。

その束の間の安息は、野口健からのマナスル遠征の誘いの電話で終わることになった。その誘いは、エベレスト清掃登山の直後から受けていた。だがそのとき行くとは言わなかったし、ましてやいまはまだ凍傷が完治していない。

電話越しに黙るけいに、野口は「今回もエベレストと同じメンバーになる予定だ。けいさんは登攀隊長として、彼らをまとめてほしい」と強く参加を求めた。その電話口ではけいは野口にイエスの返事をしなかった。ところがその晩、けいは尚武にはマナスルに行くことを伝えていたという。尚武はそのときも反対はしなかった。

登頂五〇周年のマナスル

同世代の登山愛好家と同様、マナスル（八一六三メートル）は尚武にとっても特別な山だ。第二次世界大戦直後、先進諸国は未踏の八〇〇〇メートル峰の初登頂に国家を挙げて取り組んでいた。次々と八〇〇〇メートル峰が登頂されていくなか、日本はマナスルに目標を定めた。一九五二年の今西錦司による調査隊から一九五三年、一九五四年と二度の撤退を経て、一九五六年に槇有恒率いる第三次日本山岳会登山隊が初登頂。その年は、経済企画庁が経済白書で「もはや戦後ではない」と綴った年でもあった。日本の復興、社会の勢いをいっそう鼓舞するようなマナスル初登頂は大きなニュースとなった。当時、中学生だった尚武も極限の八〇〇〇㍍峰に挑戦した男たちに憧れ、記念切手が発売されるとすぐに買いにいった。

時は流れ、野口隊がトライすることになった二〇〇六年は、初登頂からちょうど五〇年の節目に当たる年だった。

「八〇〇〇㍍峰という世界にけいが向かう不安よりも、そういう年に登れるけいはついているなという思いのほうが強かった。野口さんに出会えて、けいは運がよかったな、とも思いましたな」

尚武はそう思うのと同時に、かつては国家レベルの事業だったマナスル遠征が、いまや野口隊という個人レベルで行なえることに時代の移り変わりを感じていた。当時、マナスルに初登頂した槇有恒ら隊員は国に後押しされたエリートだった。

その野口健は、「個人」レベルというより、「日本」という国を想うところからこの遠征をスタートさせていた。その引き金となったのは、足かけ四年にも及ぶエベレスト清掃活動を終え、カトマンズで記者会見を行なったときのことだった。ネパール人記者が、「ケン、ネパールではマナスルをジャパニーズマウンテンと呼ぶのを知っていますか？」と問いかけてきた。マナスル初登頂が日本隊によるものであることは、もちろん知っていた。野口が心を揺さぶられたのは、記者が次に発した言葉だった。「そのジャパニーズマウンテンがゴミで汚されている。あなたは日本人としてどうするつもりですか？」

父が外交官だった野口はアメリカで生まれ、幼少のころはアラブにいた。日本的なものがない場所で育ったせいか、母国・日本には強い憧れを抱いていた。だから「日本人として」という言葉には、敏感すぎるほど敏感に反応してしまうところがあった。

野口は、その記者を睨むようにして「日本人として……」と発言を始めてしまった。「日本人として次は、マナスルの山頂から山麓までひとつ残らずゴミを回収します」

発言している野口の後ろにはもう一人の冷静な自分がいて、「ちょっと待ってくれよ、エベレストでこりごりだろ。もう勘弁してくれよ」と言っているのだが、口は勝手にしゃべり続けてしまう。

「エベレストの清掃で培ったノウハウと人材が、僕にはあります。マナスルでもゴミは回収できるはずです」

その記者会見を聞いていたけいが、その直後、「健さんどうするの？　あんなこと言って」と、苦笑いを浮かべて話しかけてきた。野口は、「いやー、けいさん、マナスルでもよろしくね。いろいろプランを考えているから」と軽く返してきた。だが、発作的に口から出まかせで言ったマナスル清掃登山にまだ具体的プランなどあるはずはない。もちろんけいは、そんな野口の性格を見抜いていて、そのときはまともな返事をしなかったのだった。

その後、野口は何度もけいを誘ったが、そのたびにはぐらかされていた。けいはノートにこんなふうに書き記している。

〈マナスル？　そんな恐ろしい山、行きたくない。まだ命が惜しいもの。マナスルから想像するのは、雪崩の山というイメージだ。あの小西政継さんも飲み込んでしまった山。その後も、健さんからマナスルの話をされるたびに、さりげなく断っていた。まだ死にたくないし〉

小西政継とは、一九六〇～七〇年代に山学同志会という先鋭的な山岳会を率いた人物だ。国内外の壁で数々の冒険的な登攀を行ない、「鉄の男」とも呼ばれていた。すでに最盛期の力はなかったとはいえ、その百戦錬磨の小西が一九九六年にマナスルで遭難している。けいはそのことからも躊躇をしていたようだ。

だが、野口は何としてもけいに参加してもらいたかった。「日本人の山」を清掃するだけでなく、今回は登頂も考えていたからだ。そのためには、自分よりも登山技術のあるけいの参加は不可欠だった。野口には、けいを参加させるための作戦があった。それはシェルパを、エベレスト清掃隊のときと同じメンバーで固めてしまうことだった。けいは、エベレストでシェルパたちといつも楽しそうに笑っていた。その彼女が、彼らと再び活動できるこのチャンスを逃すはずはない。

だが、その切り札であると思っていたシェルパまでが、国際電話で野口の参加要請を断ってきたのだった。「ネパール国内の情勢が急激に悪くなっている。こんな非常事態のときに清掃登山など無理だ」。当時のネパールは、王室内のクーデターやマオイスト（ネパール共産党の一分派）のテロ活動などで荒れに荒れているときだった。

野口は電話越しにシェルパを口説いた。古い体制が崩れ、民主化が始まるときにはどんな国でも混乱が生じるもの。それを通り過ぎて安定した時代が訪れたときに、環境意識は必ず必要になる。だからこそいま、自分たちが清掃登山を行なうべきだ、と。

数度にわたる野口の熱弁で、最終的にはエベレストのときと同じシェルパたちが参加を表明。そして彼らを追うように、けいもやはり参加を決めてくれた。

しかし四月上旬の出発直前まで、けいは参加を迷っていた。国内の山で何度も行動を共にした松尾洋介が三月に谷川岳で遭難してしまったことが、マナスルへの気持ちにブレーキをかけていた。

その日、松尾は付き合っていた女性クライマーと谷川岳の壁に向かっていた。先を歩いていた松尾は、一ノ倉沢手前の凍った斜面で足を滑らせて転落。後ろでそれを見ていた彼女はすぐに彼のもとに下降したが、松尾は彼女の腕の中で息を引き取った。二六歳だった。

出国の日、予定時間になっても成田空港にけいは現れなかった。やきもきしながら待っている野口とカメラマンの平賀淳の前に、もうギリギリという時間にけいはやってきた。野口が理由を問うと、なんと「朝、谷川岳まで行ってきた」。

そしてこう続けた。

「一ノ倉の近くまで行ってビールと花を上げてきた」

野口は、けいを遠征に行かせることが急に申し訳なくなってしまった。だが、けいは「ベースキャンプで読む本、まだ買ってないんだよなー」などと言っている。穏やかな口調に安心した野口は、けいと空港内の本屋で急いで文庫本を買うと搭乗ゲートへ走った。

けいはこのときの心境をこう書き記していた。

〈大切な仲間を亡くしたことが、これまでに体験したことのない恐怖となって私にまとわりついてきた。そのストレスと連動するかのように昨年に負った足指の凍傷がまるで癒えようとしていなかった。それでも私の心の底は、行くなとは言っていなかった〉

カトマンズに降り立つと、そこは厳戒態勢が敷かれ、住民には外出禁止令が出されていた。街には銃を構えた兵隊の姿しかなく、通りは静まり返っている。

異様な光景だったが、そんななか、けいは山へのモチベーションを高めていった。

〈ぼちぼちタメルへ出かける。トレッキング会社のオフィスにてシェルパたちと会う。ペンバ・ドルジに会うのも二年ぶりくらい。立派になったなー。元気になってきた。頑張るぞー〉

だが盛り上がる気持ちとは裏腹に、天候は長期的な下り坂に向かっていた。山麓のサマ村に着いた直後から大雪。モンスーン前の乾季を狙ってきたが、その降雪量は予想外だった。ベースキャンプに入ると、一日の降雪量が五〇センチを超える日も出てきた。これではゴミも雪の下でまったく見えない。野口が「このあたりにゴミがあると思う」と推測した斜面を、スタッフ総出で掘る。

〈その光景はまるで雪崩の救助活動のようであった〉

後に野口はそんなブラックユーモアを交えて報告書を書いているが、現場にいるときはそんな冗談も出なかった。なにしろ、二時間以上も掘り続けてチョコレートのパッケージ一枚ということもあったからだ。ゴミがあることはわかっていた。だが、それを回収できないもどかしさ。

雪の中から大量のゴミをシェルパが見つけたときのことを、野口はこう書いている。〈その瞬間、彼の、まるで井戸水を掘り当てた砂漠の民のような喜びに満ちた顔に、皆が思わず爆笑した〉

同時期に日本では女優の若村麻由美が富士山清掃活動を行なっていた。そちらでは沖縄から北海道まで約二〇〇人が参加。マナスル清掃隊と富士山清掃隊は衛星を使ってテレビの生中継を行ない、互いの活動を報告し合った。遅々として進まないマナスルのゴミ拾いとは対照的に、富士山では三トン以上のゴミが回収されていた。「富士山をきれいにしたい」という彼らの気迫に、マナスルを清掃する野口は気圧《けお》されそうになった。

だが、けいにはそんなプレッシャーはない。ゴミの回収量よりも、ネパール人たちとコミュニケーションをとりながら活動すること自体に価値があると思っていたようだ。楽しそうにしゃべりながらゴミ集めをしているけいに、カメラマンの平賀は、なぜそんなに明るく清掃活動ができるのかを知りたくてカメラを向けた。

「私はすごくネパールの人たちが好き。一緒に山で生活をするシェルパたちと話をして、どんな考えを持っているの?とか、こうじゃないの?と自分の考えを言ったりするのが好き。そういうやりとりをしているなかでゴミや環境のことも語ることで、今後の自然とか地球とかに対して何か影響していけるのかなと考えていて」

「そりゃ悠長だよ……」

けいの発言を隣で聞いていた野口は、そうつぶやいた。「清掃」と「登頂」の両立を目指してマナスルに来ていた野口だが、野口は「清掃」=「ゴミの回収量」のことで頭がいっぱいになっていた。野口はけいに、自分はアタック隊から離脱することを告げた。そして、彼女とシェルパだけで山頂を目指してほしいと伝えた。けいの返答はこうだった。

「日本人がほかに誰も登らないなかで、私だけが頂上に行く意味ってあるのかな?」

それに対して野口は、「役割を分けよう。清掃と登頂に。僕が清掃をやるから、けいさんは登頂に専念してほしい。それに、けいさんだけが行くわけじゃない。ネパールの仲間も一緒に行くんだ」。

さらにこう続けた。

「この登山隊は日本人だけでなく、シェルパの隊でもある。彼らとともに、日本とネパールの国旗をマナスルの山頂で掲げてほしい」

その言葉を受け入れたけいは、野口のブログに気持ちを書き込んでいた。

〈なんで私はこの山に登るのか。何のために。この山に登る意味は何だろう。

何でもいいから登りたいっていうのとは違う。この山の、この姿のときに、誰と、どういうスタイルで登るのかっていうのが重要なのだ。五〇年前、日本人が初めて登ったマナスルというこの美しい山の頂に、私も立ってみたい。八一六三メートルという私にとっては未知の高みにたどり着いてみたい。ペンバ・ドルジとカジという大好きな仲間と共に、あの高みに登り着いてみたい。彼らと一緒だからこそ登りたいし、彼らとなら登れる気がする。

出発前にカメラマンの淳君から、アタックに対する不安を聞かせてと言われたけれど、答えられるような不安はなかった。この山にやって来る前と、はじめてこの山に出会ったときは不安だらけだったけれど、いまはない。いつものように、この山が徐々に近づいてきたって気がするから、自然に頂上へ向かう〉

最終的にアタックメンバーは、ペンバとアン・カジ・シェルパとけいの三人になった。彼らは、アタック前にベースキャンプから一〇〇〇メートル下のサマ村まで下り、休養を取ることにした。村人たちはこの悪天候のなか、まだ登頂を諦めていない三人に驚いた。

翌日は大雨の村で一日休養。けいは日記にこう書き込んでいた。

〈私たち三人で登れば、きっと登れる。そんな気がする。六八五〇メートルまで行ったけれど、これまでになく体調はいい。（中略）あとは、未知の七五〇〇メートル以上の世界へ踏み込むのみ。ペンバ・ドルジといると絶対的な安心感がある。この人は絶対に私を守ってくれるという信頼感がある。こんな人、ほかにいないよ。一緒に頂上に行きたい。一日中雨。ときどき嵐のようになったりしながら降り続く。（中略）こんな暖かい雨で大丈夫なんだろうか。べつに登れなくてもいいけど、登る目的で来たならやっぱり登りたい〉

長引く悪天候に条件は最悪だったが、ベースキャンプに戻ってきたときの三人の気持ちはひとつだった。もう、悪天の合い間をついての速攻登山しかなかった。キャンプを飛ばして、キャンプ2、キャンプ4、登頂、そしてキャンプ2へ下山というスピード重視の計画を立てた。

野口はけいのこの案に反対だった。各キャンプを利用して確実に進んでほしいと言った。だが、三人は自分たちの考えを曲げなかった。それどころか彼らは、野口には内緒で酸素ボンベを使わない「無酸素登頂」を企てていた。そうとは知らず、野口は精いっぱいの激励を込め、万歳三唱をして三人をベースキャンプから送り出した。

前日とは打って変わり、眩しい青空が広がっていた。けいは日記にこう書き記した。

〈ひゃほー　やった！　最高の青空、再び。夜じゅう吹いていた風がすべての雲を吹き飛ばしてくれた。予定どおりの快晴。うれしくてたまらない。寝ているときはちょっとドキドキしていたけれど、キミといれば絶対に大丈夫。怖いものなんか何もない。ずっと笑顔で登り続けたい。こんなにたくさんの人と熱い想いに見送られるのははじめてだ。万歳三唱までされちゃったよ。ウキウキ出発〉

しかし、降り続いていた大雪でルートの状態は悪かった。初日はなんとかペースを守れたものの、翌日は深雪をかき分けながらの登山にスピードは上がらず、予定より低い七二五〇メートル地点に最終キャンプを設けることになってしまった。

厳しい進行に、翌日のアタックは酸素マスクを使うことにした。けいは日記にこう書いた。

〈三人でケラケラ笑いながらマスクをいじる。酸素なんかうざいよなー。しかし、人間の力にも限りがあるし、自分自身の勝手な遠征でもないし、失敗は許されないって気もするし〉

アタック前夜だったが、三人はテントの中で遅くまで話をしていた。日本語と英語とネパール語をごちゃまぜにした会話だ。日本で出発前に感じていたネガティブな緊張感はもうなく、けいは日記をこう締めくくっていた。

〈この山にやって来る前と、はじめてこの山に出会ったときは、不安だらけで登れるとは思えなかった。でもいま、不安はない。お互いがすごく理解し合えているなと思えてくる。それは自分とほかの隊員だったり、自分と山だったり、自分と空の天気だったり、全部含めて。いつものように、この山が徐々に近づいてきたっていう気がするから、自然に頂上へ向かえる〉

翌朝はまだ暗いうちからヘッドランプを点けて登りはじめた。最初の雪壁を越えるのに、かなり時間がかかった。その後、「プラトー」と呼ばれている部分もその名前とは裏腹に平坦な部分は少なく、いくつもの雪壁が続いていた。周囲はまだ明けきらず紫色の世界に包まれていたが、上方のマナスル山頂は朝日に赤く光り輝いていた。

その日、未明から無線機の前で待機していた野口のところに午後二時半ごろ、けいの明るい声が届いた。

「登頂したよぉー」

八〇〇〇㍍峰の山頂にいるとは思えないほど、それは落ち着いていて元気な声だった。思えば、自分が登らずに日本人隊員を山頂に登らせたヒマラヤ登山ははじめてだった。それまで感じたことのない複雑な感情が、野口の胸の深いところから湧き上がってきた。

「青空が素敵！」

トランシーバーの声を聞き、野口は山頂から見える光景を想像した。次の瞬間、本当は自分も頂上に立ちたかったのだという気持ちが溢れ出してきて野口は涙を流していた。

マナスル登頂の感動をけいは下山後にこう書いていた。

〈約束どおり、三人で立った頂上。ほかには誰もいなかったし、風もなく、太陽の日差しだけが暑かった。いやいや、私たちの心も熱かった。日の丸の赤と、ネパール国旗の赤もヒマラヤの空に燃えた〉

けいが登頂する一方で、野口も二二キロのゴミを回収した。エベレスト清掃活動で七トン以上ものゴミを回収してきた野口にとって、それはけっして満足のいく結果ではなかった。だが、うれしい出来事もあった。清掃活動を終え、マナスル山麓のサマ村に戻ってきたときのことだった。野口たちは、手作りの日の丸の旗で迎えられた。

広場には村人約一五〇人が集まっていた。何が始まるのかと思いきや、「日本人が私たちの山をきれいにしてくれた。次はわれわれの番だ」との掛け声で、村の一斉清掃が始まったのだ。わずか半日だったが、集められたゴミの量は五トン強になった。

サマ村の人々が動いてくれたのは、ネパール人と日本人が共同でマナスル清掃登山を行なった結果だろう。ゴミに対する意識がシェルパに浸透し、それがサマ村の人々にも広がったのだ。そのコミュニケーションづくりを円滑に進めてくれたのは、ほかならぬけいだった。野口は、そう強く感じていた。

エベレスト無酸素登頂への挑戦

帰国後、野口は「マナスル基金」を設立した。その基金でサマ村に学校などの公共施設を造ることを計画。基金は着実に集められ、建築家やデザイナーなど賛同してくれる専門家も集まりだした。そんな社会活動を日々進めているとき、野口が折にふれて思い出していたのが、けいがマナスル山頂で言った言葉だった。

「青空が素敵！」

デスゾーン（死の地帯）といわれる標高八〇〇〇メートル以上にいるとは思えない

ほど、その声色は爽やかだった。言葉はシンプルだったが、そこには純粋に冒険を愛する心が凝縮しているように野口には感じられた。

自分にはいま、その純粋性があるのだろうか？

この数年間、富士山、エベレスト、マナスルなどで清掃登山を行なっていたが、野口は常に社会的な影響をどこかで求めていた。必ずしも「山をきれいにしたい」という純然たる視点で活動したわけではなかった。エベレストに散乱するごみを回収することで、世の中の低い環境意識を浮き彫りにしたかったのだ。

清掃活動は、さまざまなところから反響があった。富士山の清掃登山の参加者数は右肩上がりだった。その社会的影響に野口は充実を感じてもいた。だが、けいが山頂から発した言葉には、自分の活動にはないすがすがしさがあった。

自分は、彼女のような冒険への情熱を忘れかけているのではないだろうか？　だから、あれだけ登りたかった「日本人の山」マナスルの頂上を簡単に諦めてしまったのではないだろうか？

社会性など考えず、冒険に突き進むけいの姿は野口の胸に突き刺さった。そして脳裏に浮かび上がってきたのが、一〇年前、一九九七年のチョモランマ敗退だった。

エベレストは、北側のチベットではチョモランマ、南側のネパールではサガルマータと呼ばれている。当時大学四年生だった野口は、北側からはじめてチョモランマに挑戦した。だが、経験の浅さから高度順化に失敗。さらにチベット高原の乾いた空気に咳が止まらず肋骨が折れた。それでも登頂したくて歩を進めたが、高所で嵐に捕まり、命からがら下山。振り返れば無謀な登山だった。だが、そこにはいまでは信じられないほどの情熱が満ちていた。極寒の日がほとんどだったはずだが、その記憶をたどるうちに体が熱くなるのを野口は感じた。もう一度、あのチョモランマに登りたい――。

けいのマナスル登頂は、野口を一〇年前の純粋な自分に引き戻していた。

「次は一緒にチョモランマに行ってほしい」とけいに告げると、こんどは「いいね！行こう、チョモランマ！」と、すぐに明るい返事が返ってきた。

翌二〇〇七年四月、ラサからチョモランマのベースキャンプに向かう野口、けい、そしてマナスルに続いてこのチョモランマ登山にも参加したカメラマンの平賀淳はチベット高原の荒涼とした大地を車で走っていた。一〇年前、オフロードだったチベット高原の道は快適なアスファルトに変わっていた。今回のメンバーは、この三人にシェルパ八人。その中には、ネパールで女性初の登山ガイドになることを目指して参加したパサン・ラム・シェルパもいた。

やがて褐色の大地の彼方から、宝石のような峰々が白い頭を突き出してきた。そのなかでひときわ大きな山がチョモランマだった。これから始まる挑戦に心を弾ませながらも、野口は不安も抱えていた。一〇年前は知識も経験もなかったとはいえ、体力だけはあったのかもしれない。三三歳になった自分に、どこまでの体力が残っているだろうか。だが、この一〇年目を一つの区切りにするためには、是が非でもチベット側からエベレストに登らなくてはならない——。

そう意気込む野口の隣で、けいはいつもどおりの飄々とした振る舞いでシェルパと明るく接していた。野口のブログに書き込まれたけいの文章から読み取れるのは、エベレストという山そのものよりも、そこに集まった人に対しての関心だった。

〈山と人と、そこに営まれる文化が好き。

私にとって山にいるときは最も地球に触れるときであり、健さんといるときは最も地球とそれを取り巻く人間社会について考えられるときだ。

だからつまり、それはエベレストでなくたってよいのだけれど、今回の舞台はここ。環境メッセンジャーの仲間の一人として、私は世界で最も高い空の下にやって来た。自分にだからできる場所で、アクションしたい。

そして、未知への純粋な憧れ。

そこに集まる人たちは、どこから何のためにそこに集うのか。この大地の隆起に、どんな接し方をしているのだろうか。極限の際に、人はどういられるのか。

それから、未知への挑戦。

日本から来たちっぽけな私と、ネパールの片田舎から大きく飛び立とうとしている娘のラムちゃんと、共にその頂に立てるだろうか。

世界のいちばん高い空から自分には何が見えるだろうか。そこにはきっと、伝えたいことが溢れているにちがいない〉

エベレストに集まる人を見てみたいと思っていたけいだが、ベースキャンプに着いた瞬間、その気持ちは一変した。

「こんなに人が多いところ、私、無理です。これが最後のエベレストにしましょう、健さん」

荒涼とした大地の上に忽然と現れるベースキャンプ。そこには、三〇隊以上のチームがいた。所狭しとテントが張られている光景は、登山基地というより夏フェスのようだった。

けいがいきなりやる気をなくしてしまったようで、野口は焦った。だが、自分たちのキャンプの隣にフィリピン隊が来たことで、けいのテンションはもとに戻った。聞けば彼らは、ムスターグ・アタで出会っていたという。けいは言った。

「こういう再会があるから、ヒマラヤはやめられないね！」

ベースキャンプを設立した野口たちは上部キャンプへの往復を繰り返し、薄い空気に徐々に体をなじませていった。星も透けて見えそうなダークブルーの空の下に、岩と氷の頂があった。その無機質な風景には、日本の緑の山で感じられる潤いや癒しはまったくなかった。

野口は、自身を勇気づけるために持ってきた『サハラに死す』（講談社文庫、のちヤマケイ文庫）をテントの中で読み続けていた。その本は、一九七五年、ラクダによるサハラ横断に挑戦した上温湯《かみおんゆ》隆の手記をまとめた一冊だ。彼は高校を中退して世界放浪の旅へ出た。その後、サハラ砂漠の横断を目指したが、その途上で帰らぬ人になる。

野口がはじめてそれを読んだのは、高校生のときだった。これからの人生を模索しながら砂漠を行く上温湯の姿に、野口は心を鷲摑みにされた。当時、イギリスにあった全寮制の日本人学校に野口はいたが、成績は最下位。中・高一貫教育だったが、成績が悪すぎた野口は高校に「仮」進級で入学。だから高校一年のときにつけられたあだ名は「カリ」だった。「このままではいけない」と本人も焦ったが、勉強に奮起しようにも級友ははるか先を行っており、追いつくことは絶望的だった。

そんなある日、野口は些細なことから先輩を殴りつけて停学処分となる。そのときに、植村直己の『青春を山に賭けて』（文春文庫）に出合った。明治大学山岳部で「どんぐり」と呼ばれながらも地道に自分の登山を続け、卒業後は海外を冒険しながら五大陸の最高峰に登ってしまった植村。勉強ができなくても、山を登ることで植村のように自己表現ができるかもしれない。どん底の「闇」の中にいた野口にとって、冒険や登山は紛れもなく「光」だった。

謹慎明けの学校では、山のことばかり考えていた。寮では、机で勉強しているふりをしながらさまざまな冒険の本を読みあさっていた。そこで出合った『サハラに死す』は、何度も読み返す一冊になった。「自分とは何か？」「どこへ向かうべきか？」そんな問いを忍ばせながら、砂漠を行く上温湯の姿に、野口は「いつかオレも」と手に汗を握りながらページをめくっていた。

まわりの生徒たちは一流大学、そして一流企業に入ることで、自分の価値を見出そうとしているように思えた。しかし野口はこれから冒険の世界に身を置くことで、自分の存在感や価値を見定めたいと思った。大学名や企業名で自分を語るのではなく、「これをやった」という冒険の軌跡で自分自身を表現してみたかったのだ。『サハラに死す』で上温湯はこう綴っていた。

〈冒険とは可能性への信仰である〉

ベースキャンプでそのフレーズを再読した野口は、高校のときと同じように、まだ感動できる自分がいて驚いた。高校のときの「原点」を、自分は忘れていない……。それは自分がまだ可能性を追求しきれておらず、何物にもなれていないことの裏返しなのかもしれない。だからこそ、諦めずにまだ冒険的な活動を続けなくてはならないのだ。そう、まずは目の前のチョモランマだ。

野口は、『サハラに死す』を読み終えると、それをけいに渡して勧めてみた。彼女も感動してくれるだろうと期待して。だが数日後にけいから返ってきた言葉は、

「絶対、砂漠なんか旅できないなー。ここで砂にまみれているだけでウンザリだもの。乾燥してて、風が強くて、緑も水もないなんて、絶対ムリ」

野口は、肩透かしを食らわされたような気分だった。しかしそれは、けいなりの照れ隠しだったのだろう。けいは日記にこう書いていたからだ。

〈歩きながら見えてくるチョモランマに向かって、「冒険とは可能性への信仰」だっ

て思うと体中に力がみなぎってきた。「おっしゃー、私の冒険がいま一歩始まるぞー」って〉

さらに日記には、上温湯隆に影響を受けたとしか思えない件《くだり》もあった。

〈久しぶりにボーっと考えごとをする時間が持てた。これからの自分の生き方について、八八四八メートルの頂にたどり着くまでにしっかり見定めよう。八八四八メートルの頂をスタートラインにしたい。世界のすべてを眼下にして、世界のいちばんてっぺんで自分の行くべき道をしかと見届けたい〉

上温湯は、サハラ砂漠横断を完遂することではじめて自分が発見でき、人生のスタートラインに立つことができると語っている。上温湯にとっての「砂漠」が、そのときのけいにとっては「八八四八メートルの頂」だったのだろう。そして、上温湯がバイクも車も使うことなく「ラクダで横断」という枷《かせ》を自分自身にはめたように、けいも自らに制約を課した。

「ボンベなしの、無酸素登頂をしたい」

けいは、隊の中でそう話しはじめたのだ。

酸素ボンベを使っても全員登頂は厳しいと感じていた野口は困惑した。無酸素だと、高度順化の日程もけいだけが違ってしまう。野口は察した。発言とは裏腹に、けいはやはり『サハラに死す』に感動していたのだと。それにしても突然、無酸素とは……。日本人女性でエベレスト無酸素登頂をした者は誰もいないのだ。野口が「酸素ボンベを使って全員で確実に登頂をしよう」と言おうとしていたときだった。近くにいたペンバが明るく大きな声で言った。

「けいさんが無酸素で挑戦するなら僕は応援したい！」

まわりのシェルパたちも頷いていた。もう誰が隊長なのか、野口はわからなくなっていた。


けいの日記には、「無酸素」というスタイルへのこだわりの気持ちがこう書いてあった。

〈絶対に無酸素！とは思わないけど、行けるなら無酸素のほうが自然な気がするのよね。ただし気が狂ったり、死んじゃったりしたくないから、無酸素はゼッタイじゃない。未知の世界すぎるし、八八四八メートルは。まずは八〇〇〇メートルまで行ってみてから自分自身と見つめ合って考えたい。それが許されるなら〉

野口は、登山隊という集団の中で自分の意思を貫こうとするけいに戸惑いながらも、『サハラに死す』に感化された彼女の気持ちがわかる気がしていた。

上温湯は高校をやめて世界を放浪後、サハラ砂漠横断を目指した。けいも日本の高校を途中で抜け、アメリカ留学に旅立っている。その後けいは自転車での旅、アドベンチャーレース、そしてヒマラヤへと冒険の世界へ飛び込んでいった。けいにもまた、上温湯や自分と同じように、冒険への起爆剤となる「何か」が高校時代にあったにちがいない。

野口にとってけいとの遠征は、このチョモランマで四度目だった。野口は、けいがときおり遠くを見ているような目をしていることに気がついていた。自分が目の前にいるのに、はるか彼方の虚空を見ながら何かを考えているような目だった。暗い目ではなかった。ただ、孤独のようなものを野口はその目から感じ取っていた。もしかしたらけいの目は、冒険の起爆剤となった「何か」に向けられていたのかもしれなかった。

いったい、かつてのけいに何があったのだろう？

野口はそんな疑問を持ちながらも、ポジティブな姿勢で登山を前に進めるけいに過去を掘り返すような質問はできなかった。いまはチョモランマという「前」しかないのだ。

野口隊は順調に高度順化を遂げ、五月十五日、野口はカメラマンの平賀とチョモランマに登頂。一〇年越しの夢を実現させた。野口は「よし、まだまだいける」と山頂でつぶやいていた。三三歳で学生のときのような体力があるのだから、まだまだ冒険を続けるべきだと思った。エベレストより高い場所はないが、冒険の舞台なら地球上にいくらでもある。標高八八四八メートルの希薄な空気の中で野口は、〈冒険とは可能性への信仰である〉という言葉の深さをあらためて噛みしめていた。

しかし、喜びに浸れたのは束の間だった。山頂で別の日本の登山隊と偶然一緒になり、共に下山を始めたのだが、その直後、そのうちの一人が意識を失ってしまったのだ。何か処置を施したかったが、自分も酸欠で意識が朦朧としていてどうすることもできない。すぐに、彼はまったく動かなくなってしまった。突然死だった。野口には、彼を岩陰に移してやることしかできなかった。「何もできなかった」という悔しい思いばかりが募ったが、時計を見ると一時間が経過していた。酸素ボンベの目盛りは半分以下になっていた。

無力感で、その後、野口は何度も転んだ。最終キャンプに下山すると胃痙攣が始まり、野口はテントの中に倒れ込んだ。

野口が登頂をした日、けいはまだキャンプ1にいた。無酸素登頂すべく、野口とは違うペースで登っていたのだ。下山してくる野口とすれ違ったけいは、「健さん、きのうは心配したよ！　山頂直下で酸素がなくなったらどうするつもりだったの！」と言った。野口はけいの心遣いがうれしかった半面、なにが「酸素がなくなったら」だと思った。なにしろ彼女はその酸素なしで、これから登頂しようとしているのだ。

悲惨な遭難を見たあとだけに、けいにはリスクを負いすぎることなく登頂してほしいと野口は心から思った。だが、彼女を説得するには、野口はあまりに疲れすぎていた。

けいは、無酸素での挑戦前の心境をこう綴っている。

〈野口隊にムホンを起こすべく無酸素の私だけ、一一時過ぎに先行して出発する。ビスターリでしか進めない。下山してくる他隊の人たちは酸素を吸っているけれど、相当ヨレている。そんなの見ていると、無酸素で行ったらやっぱり死んじゃうんじゃないかって思う。どこまで、人間の可能性に迫れるだろうか〉

標高八三〇〇メートルの最終キャンプでラムとペンバと仮眠後、けいは先行して山頂アタックを開始。後続したペンバはすぐにけいに追い着いたが、見るとけいが異様に寒がっている。ホッカイロを渡したが、まったく効果がないようだった。ペンバは、震え続けるけいの背中を叩いて励ました。第一ステップの手前で夜が明けても、けいの震えはいっこうに止まらなかった。ペンバは、自分が登山中にそんな状態になったことがなかったので動揺した。たまりかねて「けいさん、酸素がないから寒いんだよ。酸素を吸う？」と言った。

信頼するパートナーの温かい言葉に、けいはためらわず酸素を吸った。その瞬間「無酸素登頂」という目標は消えてしまったが、体中の震えは止まった。

第二ステップを越えるころ朝日がヒマラヤの谷にも差し出し、壮大な風景が広がった。マカルー、ローツェといった巨峰も、もはや眼下にあった。

けいはシェルパたちと世界最高峰の山頂に立った。

同時に登頂した二一歳のラムは、シェルパ女性で北側からの初の登頂者となった。ネパール人女性初の登山ガイドになろうとしていたラムにとっては、大きなステップとなった。ペンバは世界中の国旗をつけたジャケットを着ていた。いまだ混乱の続くネパールだけでなく、世界中の国の平和を求めた彼のメッセージだった。けいだけではなく、彼らにとってもチョモランマは新たなスタートの場所となった。

三人を祝福するかのように、ヒマラヤの山々は果てしない広がりを見せていた。自分たちの上には、もう空しかなかった。それは限りなく黒に近い紺色で、すぐそこが宇宙だと教えてくれていた。

けいは野口のブログに、この世界最高峰の登頂のことを次のように書き込んだ。

〈終わった。終わっちゃった。

一人ごろりと横たわっていると、頭の中にぐるぐると想いがめぐる。

八〇〇〇メートルオーバーでの酸素。

なんで私、酸素吸っちゃったんだろ。

なんで、って寒かったから。強い意志がなかったから。

大切な人たちに守られすぎていたから。

ピピン（ダイバー）はオードリーの挑戦を一〇〇パーセント支持したがゆえにオードリーの命を亡くしてしまったけど、あんなに私の無酸素を提案していたペンバは私を守りすぎて酸素を与えてくれちゃった。

あーあ、私の意志の弱さ。

一方で、そんなことべつにどうだっていいや、って思う。

有酸素だろうが無酸素だろうが、大した問題じゃないって気分なんだ。

そんなことよりも、大切な人たちと過ごした時間と空間のほうが重要なんだって。

山の高さも、空気の薄さも、登れたか登れないか、どうやって登ったかも、そんなこと他人には結局わからないことで、重要なのはそこに愛があるっていうことなんだ。
誰と登ったか、
そこでどんな時を過ごしたか、
何を見たか、
何を聞いて何を感じたか。
それはそこにいた人にしかわかり得ないことで、
生も死も、苦しみも悲しみも喜びも、
それはすべて自分のものでしかない。
きっと二度と来ないエベレスト、今年のチョモランマにはいろんな隊がいて
いろんな人間模様と登攀スタイルがあったけど、
私は野口隊のメンバーであったことをうれしく思うし、
大好きな人たちと登れたことに感謝したい。
一生に一度きりの体験だから。
この二カ月間、限りなく溢れ出てきた笑いと、いっぱいの愛情に、
心からありがとうと言いたい。

楽しくて仕方のなかった素敵な日々が暮れてゆく。
日本に帰ったらきっとまた一人では眠れない。
あーあ、帰りたくないなー……〉

第6章 アメリカ留学

高校二年の夏、北海道へ

上温湯隆は高校を中退してサハラ横断を目指した。野口健も高校時代から七大陸最高峰への挑戦を始めた。彼らのように自然というフィールドではなかったが、谷口けいもまた高校時代にアメリカ留学というかたちで外の世界に飛び出している。けいは高校三年の夏までを千葉県立小金高校で過ごしたが、そこにはアメリカ行きへの引き金となる何かがあったにちがいない。

現在、埼玉県三郷市在住で木工職人として働く水上由貴は、けいと高校一年のときに同じクラスだった。二年、三年とクラスは違ったが、いつも一緒にいるため友人たちからは「けいと言えばユキ」「ユキと言えばけい」と思われていたほど二人は仲が良かった。

小金高校は千葉県で上位に入る進学高で、その校風は自由に満ちていた。水上は、姉が小金高校生だったため、そこが自由な校風であることを知っていた。けいと同じように校則の厳しい中学校にいた水上は、その校風に惹かれて進学していた。中学のときと違って男子は坊主頭にされることなく、女子も髪型の指定はない。体罰をする先生は皆無だった。その新天地で水上はけいと出会った。その第一印象は、「暗い感じの人」だったという。

水上の木工所で当時のけいのことを尋ねると、水上は記憶をひもとくように一瞬上を見てから一気に語り出した。

「普通の生徒よりも断然に静かだった。小柄で細く、うつむきがちで、とにかくおとなしい感じだった。みんなのいる前でしゃべるタイプではまったくない。クラスの子たちの注目を集めるような、気を引くようなしゃべり方なんて一度もしたことがなかった。おとなしいというより、暗い感じだった」

水上は「とっつきにくいな」と感じながらも、けいと話をするようになった。するとけいは、暗いだけではなかった。「そんなの、こうに決まっているじゃん!」「ばかじゃないの!」などと、物静かな彼女からはイメージできない気の強い言葉遣いをした。ただ、その言葉には裏表がなく、人を見下すようなことはまったくなかった。「嫌な人ではない」とわかると、少しずつ友人も増えていった。だが、やはりクラスの中心になるような存在ではなかった。

けいは山岳部に入ったが、すぐにやめてしまった。後のインタビューで、山岳部をやめた理由を「先輩とうまく折り合いがつかないのと、協調性がないのとで、一回の山登りだけで退部しました」(「近いところに山がある幸せ」『ふじさんがいる』創刊号)と語っている。協調性がないと本人が言うように、水上の目から見ても、けいはみんなで決まったことをするのが明らかに苦手だった。体育の集団競技は、とりわけ嫌っていた。普通の生徒が疑うことなく乗っている高校生活のレールを嫌い、それには絶対に乗らないというような姿勢があった。水上にもそういうところがあり、けいとは気が合った。

けいは学ぶことは好きなようだったが、学校に押し付けられる勉強は嫌いだった。定期試験はいつも「めんどくさいな」というような雰囲気だった。数学や物理にはまったく興味を示さなかった。いつも試験直前になって水上に数学を教えてもらいに来るのだが、水上も数学は苦手だった。それでも一生懸命けいに教えると、口が悪いけいらしく「わかんない人が教えると、どこがわかんないかわかっているからイイよね。ユキちゃんは、わかんないから教え方がうまい!」と、妙なほめ方をしてきた。水上は、けいがテスト前ですら頑張ってガリ勉をするような姿を一度も見なかった。

バトミントン部に入った水上は放課後は練習に熱中していたが、けいはすぐに家に帰っていた。彼女と放課後に過ごした記憶が水上にはほとんどない。けいは、家に帰って家事をしていた。喘息のある弟の面倒を見て、愛犬の散歩をし、そして夕飯の下ごしらえをしているようだった。手先が器用で、どんな家事もこなすけいを水上は尊敬していた。ただ、水上の母親は専業主婦だったから、それに比べて共働きの家庭は大変だな、とも感じていた。

部活に打ち込むことも、勉強にも熱心でなかったけい。高校時代に多くの生徒がする「恋話」も水上とはしたことがなかった。好きな男子がいる雰囲気はまったくなかった。さえないともいえるけいの高校生活で、青春のエピソードを上げるとすれば、それは水上との「食」と「旅」だった。

ときおり、けいと水上は食べ放題の店や大きなスイーツのある喫茶店に遠出をしていた。東京まで「遠征」に行ったことも何度かあった。行く日が決まると、「あと何日だね」とお互い確認し合い、その日を楽しみにしていた。

水上は運動部なので食事の量は多いほうだったが、運動をしておらず細い体のけいも不思議と当時から食べる量が多かった。ある日、水上とけいは「三杯食べられたら無料」というラーメン屋さんに行った。簡単に三杯食べてしまった二人に、ラーメン屋の主人はポスターにコメントとサインを求めたという。そこに「三杯、楽勝！」などと水上は書いた。二人はその直後、喫茶店をハシゴしてパフェを注文した。さすがにそれは完食できなかった。スイーツを残したのは、二人にとってそれが最初で最後だった。ちなみにこの悔しさは、そのあとコージーコーナーのホールケーキを二人で完食したことで完全に解消したという。

二人にとって、「旅」も高校時代の鮮やかな思い出だ。まず高校二年生の夏休みに、北海道を一〇日間ほどかけて一周した。旅費は二人で病院の掃除や結婚式の裏方のアルバイトをして貯めた。旅行中、食事は公園で、よくフランスパンにきゅうりとトマトを食べた。宿泊はユースホステルを使うことが多かったが、けいはそこでいろいろな人たちと話をし、打ち解けていた。学校という枠組みの中にいるより、けいは活き活きしているように見えた。そのけいと一緒に見た、どこまでも続くラベンダー畑や原野の上に広がる満天の星空は、いまも水上の脳裏に焼き付いている。

けいがアメリカに留学して以降、水上とけいは多くの手紙をやりとりするのだが、そのなかでけいは何度もこの北海道を振り返り、「苦しいときには、いつもユキちゃんとの楽しかった旅行を考えるようにしている」「北海道に来るたびにユキちゃんとの楽しかった旅を思い出します。またいつの日か一緒に旅をしましょう」と書いてきてくれた。

二年の冬休みには再び四日間の旅行をした。そのときは名古屋、京都、奈良など関西の街をめぐる旅だった。高校生としては長旅をした二人だったが、その後けいが冒険的な旅をするようになることなど、水上はまったく想像していなかった。

「冒険」の旅といえば、二人で銚子を目指し、一泊二日で利根川沿いを自転車で走らせたことがあった。ママチャリだったためスピードが上がらず、しかもパンクまでして時間を食ったが、「とりあえず行けるところまで行こう!」と走り続けた。しかし距離を延ばせないまま夕暮れ時に。二人は持ってきた寝袋を広げて河原で寝た。翌朝起きてみると、そこはラクビー場のような広い場所だった。その日はそこから帰ってきた。あのとき何キロ走り、あの広場がどこだったのかはいまでもわからない。だが、カバン一杯に詰め込んだお菓子を食べながら過ごした河川敷でのあの一晩は、忘れることのできない思い出だ。後にけいが水上に送った手紙には「あんなことに賛成してくれるのはユキちゃんしかいない」と書かれていたが、水上は「あんなこと言い出すのはけいちゃんしかいない」と思った。

旅行中、二人はいろんな話をした。家族のこと、夢のこと、将来のこと。二人とも、早く自立したくて仕方がなかった。そのためにはどうしたらいいか、そんな話ばかりしていた。けいは「外科医になりたい」と言っていたこともあった。水上は「けいちゃんなら器用だから手術はできそうだけど、数学ができないじゃん！」と突っ込みを入れていた。ただ、本当に二人は何か手に職をつけて自立したいと思っていた。自分で何かをすることは絶対に楽しいし、生きている意味があると思っていた。

けいにとって大人は、自立し自由になろうとする自分を束縛してくる者に見えていたのかもしれない。とりわけ学校の先生は、一部の好きな先生を除いてまったく信頼していなかった。

「大人は子どもを信用していないから嫌だ」

けいがそう何度も言っていたことを水上は覚えている。中学のときに呼子美穂子に言っていた言葉と同じだ。

先生だけではなく、親への反抗意識もけいには相当あった。「上のお兄さんはやらせてもらえることも、女の子なのだからと言われてできないことがある」とけいは水上にこぼしていた。その一方で「女の子だからということで、家事をやらされている」とも言った。

アメリカ留学

高校二年生の冬、けいはアメリカへ留学することに決めた。「英語を身につけ、広い世界を見たい」と友達には語っていた。しかし水上だけには、大人に対する複雑な気持ちもあって日本を離れたいのだと告げていた。

けいは留学に行きたいと親にお願いしたが、やはり反対された。「親になんでも反対されるのが嫌だ」とけいは水上に何度も言っていた。

しかし本当にけいは家族に自由を束縛されていたのだろうか。留学以前、「ホームステイに行きたい」というけいの希望を聞き入れ、両親は高校一年の夏にコロラドで二週間ほどのホームステイをさせてあげていた。水上とあれこれの旅に出られたのも、親の理解があったからではないだろうか。「女の子らしく」が第一義の家庭では、それはできなかったはずだ。

アメリカ留学にしても、父親の尚武はただ反対したわけではなかった。けいは、小金高校の推薦枠で大学に入れるチャンスがあった。その推薦枠で大学に入学してから、休学してアメリカに行けばいいと尚武は提案していた。客観的に見て、尚武は普通以上に包容力のある親のように見える。

だがけいは、大人の想像を超えて「自由」を希求していたのだろう。何物にも束縛されることなく、完全に自分の裁量で、自分の人生をコントロールしていきたい。その思いが、高校生のころからけいには非常に強かった。だから、自分を束縛してくる者には、必要以上に敏感になってしまっていた。

しかし、留学前までのけいは大人に反抗することなく従っていた。そして、縮こまり、自ら殻の中に閉じこもっていた。だから親と口論になることもなく、先生に反抗的な態度を見せることもなかった。ただただ、けいは反抗心を抱えながら、殻の中で動けずにいた。

けいは、殻から抜け出て「自由な世界」で自ら判断し、独立した時間の中で過ごしてみたかったにちがいない。後にけいは、その「自由な世界」で冒険を繰り返すことになるが、その序幕がアメリカ留学だった。

けいは受験のために押し付けられる勉強は大嫌いだったが、自分のために学ぶことは好きだった。英語の勉強に熱を入れて留学に必要なＴＯＥＦＬテストに何度もトライし、必要な点数を獲得。そして高校三年の夏から一年間、カンザス州の高校に留学する資格を得た。

出国前、水上はけいの女友達たちをけいの家に集めてパーティーを開いた。

「私がいたことなんて、男子はまったく思い出さないだろうね」

そんな言葉どおりにけいはクラスの中で目立たない存在だったが、そこに集まった皆はけいが大好きだった。そのときは「頑張ってきてね！」と全員でけいを励ましたが、けいが留学に向けて勉強しはじめた当初は「けいちゃんがいなくなったらつまらなくなる。やめなよ」と話していた子もいた。だが水上は、やりたいことができるチャンスは絶対に逃すべきじゃないと、はじめから強く思っていた。

その日、大食漢のけいと水上を筆頭に皆で持ち寄った食事を頬張った。そしてこの仲が永遠に続くように、そしてその食欲が尽きないようにと、このグループを「エンドレス」と呼ぶことに彼女たちは決めた。


けいの留学先であるカンザスから水上のもとには、一年間で二二通のエアメールが届いた。そこにはホストファミリーのこと、授業のこと、クラスメイトのことなどが子細に書かれていた。英語がまだうまく聞き取れない悩みがある一方で、アメリカ人の考え方からたくさんの良い影響を受けているということも書かれていた。

水上が驚いたのは、日本では「帰宅部」だったけいが、放課後の活動でバトミントンやクロスカントリー、そして三・二キロのマラソンをやっていることだった。週末の陸上大会にも参加し、ほかの学校の学生とも友達になれたことなどが手紙には活き活きと綴られていた。

さらにけいは「BIKE ACROSS KANSAS」というイベントに参加し、八日間をかけて自転車でカンザス州を横断したという。地平線を目指して毎日一〇〇キロ前後の距離を、時には時速五〇キロを超すスピードで走った。そこに参加したさまざまな国の人たちと交流しながら八〇〇キロ以上を走破し、腕とふくらはぎに筋肉がついたと、爽快感のある筆遣いで書いてきた。

そのころ「エンドレス」の仲間たちは大学受験を目指し、水上も毎日机に向かっていた。そんな日々の中で、けいから送られてくる手紙はまさに「自由な世界」からのもので輝きに満ちていた。ただ、アメリカという異文化に溶け込む苦労と喜びが綴られる一方で、家族のことを振り返る文面も少なくなかった。

けいは手紙の中で、留学前に『あの笑顔をもういちど…!』(ワニブックス)を読んだと言っていた。若くしてバイクの事故で他界した歌手・高橋良明の生涯を彼の母・涼子が書いた本だ。家庭的に複雑な環境で育ちながらも、明るく家族と接していたという高橋。彼のように、なぜ自分はなれないのだろう。もっと親と仲良くしたかったし、反抗もしないで、明るく接したかったのだけれど、どうしてもできなかった。そう書く一方で、けいがアメリカで思い出していたのは家族のことだった。

〈家族に対する愛を見つけられなかった私、そして、どんどん悪くなっていく自分に気づいた私は、やっぱり家を離れることを選んだ。自分に自由のないことを知った私は、留学を逃亡手段に選んだ。これが一つの大きな留学理由。新しい家族がほしかった。でも失望した。家族に対する期待が大きすぎたんだ。でも、アメリカの、この家に来て気づいた。私は私のお母さんが好きなんだってこと。まだ、これは愛じゃないけど、でも、うれしい〉

けいは水上にそう綴っていた。だが、留学の終盤に届いた手紙はこんな文面だった。

〈少しは自分で納得できる自分になったから、来て損はなかった。異文化の中に溶け込んで一人で生きていくってのはなかなか難しいものだなあ……ってつくづく思ったよ、本当に。学んだものはとっても多い。とりわけ最初のホストの家にいたときは、自分の本当の家族がやっぱり本当の家族なんだなあって思った。でもね、このあいだ親から手紙が来て、それ読んだら、やっぱり私、あの家には帰れないって思った。何が書いてあったってわけでもないんだけど、とにかく、あの家には帰れないって思っ

た〉

一年後の夏、受験浪人をしていた水上の前に現れたけいは、別人のように変わっていた。出発のときにショートだった髪は、パーマのかかったロングヘアになっていた。アメリカの派手なTシャツを着て小麦色に日焼けした顔は、とても活き活きとしていた。人生そのものを楽しんでいるような、自信に満ちた顔だった。そして声は大きくなり、それまで以上に思っていることをはっきり言うようになっていた。「変われたと思う」「やっぱりこの年齢で行ってよかった」と言っていた。

水上が手紙を読んで予想していたとおり、帰国後けいは、親元を離れて北綾瀬で一人暮らしを始めた。家を出た以上、親からの仕送りには頼れず、けいは生活費のすべてをアルバイトで稼ぐようになった。そして、水上と同じように受験浪人を始めた。当時のけいは考古学者である吉村作治に憧れていて、吉村のいる早稲田大学を目指した。エジプトの砂漠の中で孤軍奮闘、未知の世界を発掘している姿に感動したようだ。

だが、受験に突き進む同級生たちに、やはりけいはなじむことができなかった。

「なぜみんなレールに乗りたがるのだろう」

日本の受験制度に疑問を持たず、流されるように大学を目指す人たち。その流れに巻き込まれるのが、けいは嫌だったにちがいない。翌年、けいは受験をしなかった。

アルバイトでその日暮らしのように生活をするけいと、大学に通いはじめた水上とでは生活環境がまったく変わってしまった。それでも、友達であることに変わりはなかった二人は、夏にキャンプをしながら伊豆七島の島々をめぐった。

その直後、けいは車に接触されて右腕を折る事故を起こしている。けいに呼び出された水上は、まず長い髪の毛を洗わされた。当時、うなぎ屋さんで働いていたけいは、やめさせられることを恐れた。水上が次にやらされたことは、「風邪で休んでいる」と店主にうそを告げに行くことだった。そして、実際にけいは、数日休んだだけで仕事に復帰していた。どうやって折れた腕を隠しながら働けていたのか、水上はいまでもわからない。

家を出たけいは、自立しようともがきながらがむしゃらに生きていた。何も持たない二〇歳の女の子が生きていくことがどれほど大変だったか。そのつらさを綴った手紙も水上は何度かもらっていた。

一九九三年四月、明治大学文学部史学地理学科にけいは入学した。自立して家賃、生活費を稼ぎ、入学費を貯めながら、しっかり人知れず勉強も続けていたのだ。

入学後は自転車での旅を続け、その後は山の世界に入っていったけい。次第に会う機会が減っていったが、自分の道を歩き続けたけいの姿は、水上にはいつも刺激になっていた。

「まわりがどうこうではない。自分がやりたいかどうか。けいにはそれを教えられた気がします」

大学卒業後、キッチンメーカーで営業員をしていた水上だったが、四年で会社を辞め、二八歳で中国に一年半留学。その前後に木工の修業をして三二歳で木工職人として独立し、小さな工場を持つまでになった。独立して木工所を営んでいる女性は少ない。独立後にけいから「ユキちゃんスゴイよ。カッコイイよ。応援しているよー！」と手紙が来た。独特の道を着実に歩んでいるけいに言われたことが、とてもうれしかった。

「けいも自分の好きなことをやっているからというのが常にあったし、いなくなってしまったいまもある」

そう言いながら見せてくれた水上の作品は、一人で作ったとは思えないほど大型で、それでいて細部まで丁寧に作り込まれた家具が多かった。

「女性で木工をやっているというと、女性は普通やらないよねと言われることもあるし、アウトローと思われることもあります。でも、何でも、やりたければやればいいのだと思います。自分が頑張りさえすれば、それが成功しようと失敗しようと自分の責任だから。やりたいなら、やってみればいいじゃないか。そう思える自分がいるのは、けいと出会えたからだと思う」

水上は最後に、けいにもらったなかでいちばん大切にしているという言葉を教えてくれた。それは、留学中に送ってきたクリスマスカードに書かれていた言葉だった。

〈由貴ちゃんは、本当に人に影響を与えることができる人です。もうずっと前のことだけど、いまでも覚えている。私が日記にはじめて由貴ちゃんについて書いたのは、由貴ちゃんて人は、何でも良い方に考える人だって。普通の人ならイヤな思いをすることも笑い話にしちゃう人だって。そして、ほかの人を楽しい気分にできる人です〉

水上はそれまで、自分がそんな人間だと思っていなかったが、けいが言うならそう信じていいのだろうと思った。それ以来、その言葉は水上の中にあり、勇気と自信を与えてくれている。

「いまの私がいるのは、けいちゃんのその言葉のおかげです」

作りかけの作品が置かれ、木の香漂う工場の中で、水上は澄んだ声でそう言った。私は、その姿がけいにそっくりだと思った。

第7章

女性初のピオレドール賞

未踏のカメット南東壁

二〇〇六年のマナスル、〇七年のエベレストとヒマラヤの八〇〇〇メートル峰を二年連続で登頂した谷口けいは、二〇〇八年秋、三年ぶりに平出和也とヒマラヤの壁に向かうこととなる。けいは三六歳、平出は二九歳になっていた。

二〇〇五年のシブリンでけいは足に凍傷を負ったものの、指を落とすことはなかった。一方の平出は右足指四本の先端を切断した。平出はシブリンで奇跡的な完登を果たしたが、それを最後にフェードアウトしてしまうのではないか。そんな目で彼を見ていた山岳関係者は少なくなかった。しかし平出はそんな視線を気にすることもなく、淡々とトレーニングを続けていた。

その成果は、シブリンから一年後、二〇〇六年十月の日本山岳耐久レース（通称ハセツネカップ）で出た。奥多摩の山々を駆け抜けるトレイルランニングのレースで、累積標高差四五八二メートル、距離は七一キロにも及ぶ。途中には岩場や鎖場も出てくるが、そこを夜はヘッドランプの光を頼りに走らなければならない。平出は一〇時間半で完走。そのタイムは、シブリンの前年に出していた自己記録より一時間も早いものだった。

平出はレース中に自分で撮影した動画の中で、このようにつぶやいていた。

「シブリンから一年。この一年はあっという間に過ぎてしまいました」

言葉はシンプルだったが、その一年でどれだけの葛藤があり、それを乗り越えるために彼はどれほど努力を重ねてきたことだろうか。

けいはこの完走の意味を噛みしめ、とても喜んでいた。そして多くの人々に、「平出君は凍傷になったあとのほうがハセツネ早かったんだよー」と語っていた。平出は〇八年七月に登山家の竹内洋岳《ひろたか》と、ガッシャブルムⅡ峰（八〇三四㍍）とブロード・ピーク（八〇五一㍍）に連続登頂した。登山仲間はこの一連の高所登山で平出の復活を喜んだが、けいはその前から「平出復活」に気がついていたのだ。

その平出が次に目指したのは、カメット（七七五六㍍）南東壁だった。

平出がこのカメットを見つけたのは、自分たちのシブリンの登攀記録が『The American Alpine Journal』に掲載されたことがきっかけだった。彼らの記録の隣に出ていたのが、カメット南東壁を目指したアメリカ隊の記録だった。彼らは〈遠征中、一〇分だけしか目的の南東壁が見えなかった〉と記し、壁にトライすることなく撤退していた。

彼らが写した壁の写真と「未踏のカメット南東壁」というキャプションに、平出は登攀意欲を掻き立てられた。

日本人に注目されていなかった山を見つけたと思っていた平出だったが、このカメットは長年、寺沢玲子が憧れていた山だった。だが、インド北部にあるカメットは中国との国境に近く、外国人の入域を制限された「インナーライン」の向こう側にあったため、単一外国隊での登山申請はできなかった。いつインナーラインが後退したのかわからなかったが、二〇〇五年にアメリカ隊が単一隊で挑戦したという情報を得て、さっそく寺沢も申請を出してみると、なんと二〇〇八年春の許可が下りた。

そのタイミングで、平出のカメット南東壁への思いを知った寺沢は全面的に協力。そして、平出の二〇〇八年秋の登山申請が受け入れられた。さっそく平出はけいにカメットのことを話すと、いつもと同じ答えが返ってきた。

「私も行くから。もちろん」

カメットの標高は七七五六メートル。けいが登頂した八八四八メートルのエベレストや八一六三メートルのマナスルと比べると低い山だ。だが、尚武は「もちろんエベレストよりずっと難しいと思っていましたよ」。そうはっきり答えたばかりでなく、「カメットの壁の写真を見た瞬間から、これはシブリンよりも難しい登攀になるだろうなと直感的に思いました」と続けた。

シブリンで凍傷を負った二人は、心身ともにギリギリの状態で帰ってきている。そこよりも厳しい壁となると、越えてはならない一線を越えてしまう可能性もある。そのことを考えなかったのだろうか。私の疑問に尚武はこう答えた。

「いや、彼女の道はこれしかないだろう、と思っていましたからね」

そして部屋の一角を指さしながら、こう続けた。「小さなころから家にはあのお皿があって、それを毎日見て生活していましたから。その影響もあったのかもしれませんな」。

棚の上には一枚の大皿が飾られ、そこに武者小路実篤の詩が書かれていた。

「この道より
我を生かす道なし
この道を歩く」

中・高校生のころ、けいは親に縛られていると感じていた。だが、彼女の「道」を温かく見守っていたのは、ほかならぬ両親だったのかもしれない。そして実際、二人のカメットの成功の裏には、尚武のある働きもあったのだ。

平出とけいの挑戦に先立つ二〇〇八年春、寺沢玲子と飛田和夫の隊はカメットに一般ルートからトライした。しかし、新調した登山靴が破損するなどの不運に見舞われ、六一〇〇メートル地点で撤退した。その秋、南東壁に向かおうとしている平出とけいに、寺沢はこんな感慨を抱いていた。

「たとえ若かったとしても、私にはあの壁は登れなかったと思います。平出は最新の装備を持ち、それを使いこなす技術がある。そして、二人には実力もあり、壁に挑戦できる条件を備えていた。許可証も簡単に取れてしまった。昔の人は悔し紛れに運も実力のうちなどと言いますが、私はいい意味で、そう思わずにいられませんでした。時代は変わり、すべてのタイミングが揃っていた。ヒマラヤ遠征を繰り返し行なっていた広島山岳会の名越實さんも早くからあの壁に着目していましたが、許可が下りるとは思っておらず、二人が行くと知ってとても喜んでいました」

二〇〇八年九月一日、けいと平出はカメットのベースキャンプに入った。そこから三日間をかけて、壁の基部まで高度順化を兼ねた偵察を行なった。それまで二人は寺沢たちが撮ってきた写真を見ていたものの、実際の壁を見るまでは本当に登れるか半信半疑だった。

だが、壁を見上げたときに平出とけいが発した言葉は、

「行けそうだね……」

二人は九月十日から再び高度順化を行ない、ノーマルルート上の七二〇〇メートルまで登った。振り返ると、隣峰のカランカ、チャンガバンといったナンダ・デヴィ山群が目に飛び込んできた。そのときカランカ（六九三一メートル）では、同世代の日本人クライマー、佐藤裕介、一村文隆、天野和明の三人が未踏の北壁に挑戦していた。

けいは、ベースキャンプに衛星電話を持ち込んでいた。カメットにいちばん近い町ジョシマートの天気予報をインターネットで父の尚武にチェックしてもらい、その情報を衛星電話で聞いていた。ジョシマートとカメットの天気は全然違っていたが、二つを何日も比べていくうちに、けいは天気のパターンを見つけることができた。ジョシマートで南西の風が吹いたあとはカメットの天気は晴れた。逆に北風のあとはカメットの天気は崩れ、大雪が降った。

この法則を見つけることができたため、けいたちは悪天を予想し、アタックを延期していた。同じ山域のカランカにいた天野らは吹雪のなか壮絶な登攀を強いられてい

た。また同時期、チベットのクーラ・カンリ（七五三八メートル）にも日本隊が挑戦していた。そこで、加藤慶信、有村哲史、中村進が登攀中に雪崩に巻き込まれて遭難死するという惨事が起きた。テレビや新聞でもこの遭難は報道されたため尚武も知っていたが、衛星電話でそれを伝えることはしなかった。けいたちには、登攀に集中してもらいたかったからだ。

仲間たちの死は知らなかったものの、平出は、これだけ雪が積もってしまえばもはや登攀はできないだろうと諦めていた。けいにそのことを話すと、

「諦めるのはいつでもできるから、ちょっと待って。状況を確認してみよう」

それはシブリンのときと同じだった。あのときは「世界のトップレベルの課題にいきなり来てしまった」というプレッシャーに平出は怖気づいていた。平出は言う。

「シブリンもカメットの成功も、けいさんが、諦めかけていた僕を踏みとどまらせてくれたからというのが大きいですね」

一週間経つと大雪はやみ、青い空が再び戻ってきた。けいは、こう日記に書き記した。

〈きょうは壁がよく見えている。取り付きからてっぺんまで。やっぱど真ん中を登りたい。ダイレクトラインを引きたいなー。イケるよ！　壁を眺めているうちに平出君

も行けそうだと言ってくれた〉

What's next?

降り積もったばかりの深雪に激しいラッセルを強いられ、ベースキャンプから壁の基部にたどり着くまで二日もかかった。そこから壁に持っていく食料は四日分。しかし、結果的に登攀は六泊七日もかかった。一日に標高差一〇〇メートルしか進めない日もあったのだ。

「いまから考えると、あんなに時間をかけたことがばかばかしいなと思うんですけど、あのときは次から次へと出てくる核心を乗り越えていくのがとても楽しくて。ビバークすることで肉体的に消耗していくんですが、それ以上にそこにいること自体が楽しかった。理想的な登山がやっとできて、山頂に一歩ずつ進んでいるという感覚がよかった」

登り出す前までは消極的だった平出。だが、登り出してからは平出がけいを引っ張るかたちになった。

「けいさんは苦しかったのかもしれません。カメット以降のガウリシャンカールやナムナニでは高所に強くなっていましたが、カメットのときはまだそうでもなかった。ただカメットのときも極限状態ってわけではなかったと思います。体力的に大変そうなときは僕がロープで彼女の荷物を引き上げて、けいさんはユマーリング（固定したロープに登高器をセットして登っていくこと）で登ってくることもありましたが」

だが、けいは、平出が考える以上につらい状態にあったようだ。極限状態にあったといえるかもしれない。壁に入って三日目の日記には弱々しい字でこう書かれている。〈第二の核心が、予想よりはるかに大変なものとなって立ちはだかった。一つは私が全然ダメで、二歩登っては苦しいという状態。自分でもどうにもできず。リードしたのは出だしの一ピッチ目のみで、あとはユマーリングしても息絶え絶え。こんなの登る意味があるんだろうか……って途中考えた。唯一登る意味があるとしたら平出君の意思を達成させるためだ。こんなに苦しいのははじめてという状態のときに、容赦なくボロボロの氷と岩が立ちはだかる。きょうの核心は越えられず。また氷の棚を切ってビバーク地を作る。テントの中に入ってほっとしたのは二一時三〇分〉

シブリン、エベレストなどに登頂していたけいが書く〈こんなに苦しいのははじめて〉のフレーズには重みがある。続く四日目の日記は、さらに消耗している様子が書かれていた。

〈きょうは第二の核心を二ピッチで越えた。平出君、ナイス、ミックスクライミング。この標高であのクライミングができるってホントすごい。今回はあらためて平出君の強さを実感。そして自分自身の弱さも実感。

カメット南東壁のルートは最高。自分が想像した以上にダイレクトなラインで登ってきている。素晴らしいラインだし、素晴らしい内容だ。岩あり。氷あり。すかすかの雪。固い雪。そして第一、第二核心は氷と岩のミックス。

こんな素晴らしいところで私は苦しくて手も足も出ない。きのうから荷揚げしてもらったうえにユマールアップ。情けない。悔しい。全然登れない。ゴメンナサイ！なんてったって私は使いものにならないのだから〉

けいはいつも明るく、自分を否定的に捉えることなどまったくない。しかし日記の中では、弱気になっている彼女がいた。自分を「使いものにならない」などと弱さをさらすとは、あの元気なけいからは想像もつかない。

おそらくこのとき、けいは本当にギリギリの淵を見ていたのだろう。六日目に最上部のバナナのようにカーブしたクーロワール（岩溝）を登攀しているときの日記はこうだ。

〈バナナクーロワールの雪壁をひたすら登るも、やっぱり長い。酸欠で何度も死んじゃうかもって思った。平出君のステップをたどっていても、もう一人誰かいる気が何度もした。誰？　まだ呼ばないでね。こんなに苦しいのははじめて。一人じゃ歩けない。サミットたどり着けず〉

〈もう一人誰かいる気が何度もした〉というのは、見過ごせないフレーズだ。けいが見ていたものは、「サードマン」と呼ばれる現象だったのかもしれないからだ。

「サードマン」とは昔から極地探検、海難事故による漂流、大災害などの現場で人が生命に関わる極限状態に直面したときに見られるとされている現象だ。姿は見えないものの、その現場にいる当事者にはたしかにもう一人誰かがいるという感覚があるというもの。そのサードマンから激励や生存のための具体的な指示を受けたケースもあるという。

登攀の世界では、一九八五年にガッシャブルムⅣ峰西壁に挑んだヴォイテク・クルティカとロベルト・シャウアーもサードマンらしきものを目撃している。彼らは、「輝く壁」と呼ばれるその難壁の中で悪天候に見舞われ、〈生涯で一度だけですが、もう死ぬかもしれない〉と思うほどの極限状態に陥った。彼らは奇跡的に生還するのだが、後のインタビューでクルティカは〈第三の人間の存在感は非常に鮮明で現実感があった〉と語っている（『ビヨンド・リスク』山と溪谷社一九九六年、のちヤマケイ文庫)。

けいは、クルティカらと同じようにサードマンを見ていたのかもしれない。クルティカらと違うのは、パートナーの平出にはまだ余裕があった点だ。彼はそんなおかしな精神状態になっていない。私は平出に、けいがもう一人の誰か、つまり「サードマン」について話していなかったか、それとなく尋ねてみた。すると、「そんな話はまったくなかった。けいさんはたしかに疲れてはいたが、そんなに極限状態ではなかったはずだ」と言った。

たしかに平出が撮影した動画でも、けいはいつも笑顔でいた。登ってくる姿はゆっくりだが、平出のところまで登ってきて交わされた会話の音声からは絶望的な言葉はまったく出てきておらず、「平出君、本当に楽しそうに登っているね」「景色サイコー」というようなポジティブな言葉しか聞こえてこない。「マジで疲れた」という一言は入っているが、そこに悲壮感はまったくない。

これは不思議なことだ。その動画の明るい姿と、日記とのギャップは何なのだろうか。日記には架空のことを書いたのだろうか。いや、この日記は発表されることなく、けいが自分自身のために書いたものだ。そこにうそを書く必要はない。「サードマン」は、本当にギリギリのところまで行った人間しか見ることができない現象だ。けいがある種の極限状態に陥っていたことは間違いない。

ここで注目したいのは、けいが極限まで自分を追い込むクライマーだったということではない。そんな極限状態にいてもなお、いつもの明るさを崩していなかったという点だ。カメットのときだけでなく、野口健隊での遠征のときも、日本の冬山でも、あるいはツアー客を引き連れたガイドの仕事でも常にけいは元気で、疲れた姿を見せていなかった。だれもが皆、けいの明るさを天性のものだと思い込んでいた。あまりに自然な笑顔でいたからだ。しかし、そこには努力もあったのかもしれない。疲れているときも元気に振る舞い、そのエネルギーで周囲を明るくしていたのかもしれない。

少し飛躍した話にもなるかもしれないが、苦学生をしていた二〇歳のころ、けいは水上由貴への手紙に「本当の自分」を表現していた。「ユキちゃんにだから言うんだよ」と、自活する苦しさや、うまくいかない恋愛のことなどを弱々しい字で書いていたという。水上はこうも語っていた。

「けいちゃんは本当に普通の女の子です。普通の女の子以上に繊細です。自分を強く見せている部分もたくさんあります。私はすべてを含めてけいちゃんという人間を慕っていました」

カメットという圧倒的な難峰でも、間違いなく平出はけいが振る舞う明るさに支えられていた。平出は「核心を乗り越えていくのが楽しかった」と言うが、それは常に明るいけいがいたからこそ成し得たことだったのかもしれない。

山頂に着いたとき、けいが平出に発した言葉は「平出君おめでとう！　本当にすごいよ」だった。平出は、冗談で「いや、俺ってやっぱすごいなって思ったよ」と言って笑った。けいも、「毎日そう言ってたよねー。すごい！　すごい！　すごい！」と言って笑った。

眼下には、インド・ヒマラヤの峻峰群が彼方まで連なっていた。ベースキャンプで大雪に降り込められていたときには想像もできなかった壮観な景色だった。二人はゴールデン・ピーク、シブリンと経験を積み重ね、とうとう七〇〇〇㍍峰の未踏壁に真っすぐなラインを引いてしまった。だが、どこまでも連なる急峻な山々を見ていると、ここが「最終到達点」だとはとうてい思えなかった。

「What's next?」（「次はどこ？」）

平出は笑顔でけいに聞いてきた。

「What's next?」

けいも平出に聞き返していた。

この登山により平出とけい、そして風雪のなかカランカ北壁を初登攀した天野和明、一村文隆、佐藤裕介は第一七回ピオレドール（金のピッケル）賞を受賞した。その賞は、「登山界のアカデミー賞」とも謳われる権威あるものだ。

平出とけいの受賞理由は「Spirit of Exploration」（探求の精神）。ラインの美しさと、それを発見し、完登したことが評価された。フランス・シャモニでの授賞式に天野、佐藤、平出、けいは和服姿で参加。世界各国のメディアが彼らにフラッシュを浴びせた。けいはこの賞の初の女性受賞者になった。

だが、けいにとって賞は「おまけ」みたいなものだった。賞を目的に山に登ったわけではなかった。それに「女性」という言葉が注目されるのもけいにとっては意外だったし、望んでいたことでもなかった。ロシアのクライミング専門ウェブサイト「Mountain.RU」のアンナ・ピウノバは、シャモニでけいを取材し、彼女のそんな気持ちを的確に表現していた。

「ピオレドールの長い歴史のなかで、女性初の受賞者となったけいは、山に向かう際、女性ということをとくに強く意識していないし、行動も、女性だからといって自ら制限するようなこともしない。自分が行きたいところに行くし、登りたい方法で登るだけ。そんなふうに彼女は語っていましたが、実際そのとおりに行動し、無理や不安をまったく感じさせないところが彼女の強さなのだと思います」

シャモニではさまざまな人々と交流した。けいには、現地のクライマーがスキーを自由自在に操っている姿が印象的だった。日本では、クライミングとスキーは別物だと思い、それぞれの分野に特化している人が多い。両方をハイレベルでこなす平出は異色の存在だ。しかし、そこシャモニではクライマーもスキーの技術が高かった。目的の岩峰に向かって見事にスキーを走らせるクライマーの姿は、けいにとって鮮烈だった。

シャモニからの帰りのフライトで、けいはスキーの装備についてしきりと平出に聞いていた。壮大な雪山を自在に駆けるスキーについて考えているけいは、部屋のディスプレイにしか使えない賞品の「金のピッケル」のことをすっかり忘れてしまっているように見えた。

第8章

自転車と文学と山と

ピオレドール賞を取ったことで注目を集め、登山界での谷口けいの交友関係は一気に広がった。その一方で昔の友人たちとも連絡を取り続けていた。

ピオレドール賞受賞のニュースを聞いた明治大学サイクリスツツーリングクラブ（MCTC）のOBが飲み会を開いてくれた。けいは大学時代、このクラブに所属し自転車で日本各地を旅していた。クラブのメンバーにアルパインクライミングについての知識はなく、ピオレドール賞といわれても、それがどれほどの賞か知らなかったが、「けいが来る」ということで飲み会には多くの人が駆けつけてくれた。

明治大学サイクリスツツーリングクラブ

一九九三年四月、二〇歳で明治大学文学部史学地理学科に入学したけいは、いつも元気で明るく、どんな人の輪にも入っていける人間に変わっていた。

桜の花びらが舞う爽やかなキャンパス。新入生たちはこれから始まる四年間をエンジョイしようと、着飾って大学に通っていた。当時はまだバブル景気の余韻があり、ファッションも派手なものが多かった。上級生たちは競って部の勧誘活動を行なっていた。

その勧誘活動を受けてMCTCを知った坂東諭は、部室へ行ってみることにした。扉を開けると、そこにけいがいた。小柄なけいは、すっぴんで、Tシャツに穴の開いたジーンズ、そして使い古したザックを持っていた。

「『ベテラン勢』的なオーラを発していました」

それが坂東の、けいの第一印象だった。

「最初、この人、誰やねん？　先輩？　同期？みたいな感じで。けいは先輩にもタメのように接していましたし。敬語をいちおうは使っていましたが、まったく敬語に聞こえない言い方でしたね」

初々しい二〇歳のころのエピソードを聞き出したかった私は、「一年生の女子だからチヤホヤされることもあったでしょう」と話を向けた。だが坂東は、「チヤホヤどころか、はじめから卒業まで、けいは女だという認識を誰も持っていませんでしたので。基本、けいは男というカテゴリーの中にいました」と言って笑った。

その「ベテラン勢」のけいと坂東は、四年間で日本全国だけでなく、ニュージーランドも自転車で旅することになる。高校までサッカー部に所属していた坂東だったが、それまでの受験勉強と部活動中心の生活では見ることができなかった世界を見たいと思っていた。

「勝ち負けの世界ではなく、これまでにない、いろんな体験をしたかった。MCTCに入ってくる人は、みんなそんな気持ちを持っていたのだと思います」

テニスサークルやイベントサークルなど「楽しい」サークルはいくらでもあったが、MCTCのメンバーが求めているのは、そんなカジュアルなキャンパスライフではなかった。普通の学生生活にはない「何か」をMCTCに集まったメンバーは探していた。

当時、クラブには一〇〇人ぐらいの部員がいた。自転車の旅といっても、そこでやりたい旅はそれぞれ違っていた。走行距離を稼ぐためにひたすらアスファルトを走り続ける人、山道や林道ばかりを選ぶ人、あるいは観光地しか目指さない人……。部員の趣向はそれぞれ違い、自由な雰囲気が溢れていた。けいは、「林道をつなげて温泉地を目指す旅」をテーマにし、週末や長期休暇は旅に出かけていた。

普段の日、けいは日中、ティーサーブというメッセンジャー（自転車による配達業）の会社でアルバイトをし、夜は大学の講義に出ていた。旅費だけではなく学費も自分で稼いでいたので、けいはいつも貧乏だった。それは部員の誰もが知っていて、財布に小銭しか入っていないことを「けい状態」と言っていた。住んでいるアパートも、ほかの学生から見たら取り壊し寸前のような木造のアパートで、とても女子大生がいる場所だとは思えなかった。部屋の中は、必要最低限の生活用具と本しかなかった。盗まれるものなどなかったからか、けいはいつもドアに鍵すらしていなかった。しかし、そんなお金がないことに引け目を感じることなく、それをさらけ出していつも堂々としていた。

部員たちも、旅の資金はアルバイトで稼いでいた。だが、学費や生活費は親の仕送りに頼っていた。一方でけいは、自分で学費と生活費を稼ぎ、休暇には旅をこなしていたのだ。そうやって、完全に自活しているけいを、皆、尊敬していた。女子部員たちは「けいさんは、すごいな。自分たちはとてもできない」と言い合っていた。ただ、やはり、「男っ気」はまったくなかった。

部の飲み会などで、一年生の女の子は「どんなタイプが好きなの？」などと聞かれるものだが、はじめから「ベテラン勢」としてカウントされているけいには、それが全然なかった。それでも坂東が「たまにはいちおう、聞いておくか」という感じで聞いてみると、いつもけいはモヤモヤと話を煙に巻いてしまうのだった。そして、そんなけいが合宿に参加すると、男まさりの体力で、ぶっちぎりで自転車を走らせていた。

坂東は言う。

「もう誰も、女として見てませんでしたよね」

合宿では、雨が続くと洗った衣類をテントの中で乾かすことになる。女子たちは、自分たちの下着をハンカチやタオルで隠して干していた。だが、けいはそれを丸見えの状態で干していた。乾きが悪いと、自転車のキャリアに結わえてヒラヒラさせながら走っていた。そんな自転車に乗りながら、登り坂でも男子を置き去りにしてしまう。

当時を振り返り、ある部員は語る。

「あそこまでやられると男子のメンツも立たず、あいつは男だと言い聞かせるようにしました。そういえば、けいって男にも女にもある名前だけど、けいが女性という証拠を確認したことはない」

だが、けいは同大学の男性と一時期付き合っていたらしいという話を、坂東はけいの没後はじめて聞いた。そのときの衝撃はすさまじかった。「マジでー！　誰か知ってた？」とMCTCのメンバーに聞いても誰も知らなかったし、まったく信じられないことだった。

「女」としては見られなかったけいだが、男性部員からの信頼は厚かった。当時MCTCの男性メンバーは八〇人を超えていた。そんな大所帯であれば、なかには手に負えない、扱いにくい者もいる。そういう連中の間で、けいの人気は高かった。だから、部内で彼らがトラブルを起こしたときは、けいが呼び出されることもたびたびあった。そして不思議と、けいが間に入ると問題が解決するのだった。

けいは、先輩に対してもおかしいと思ったことは必ず意見を言った。相手を否定することはせずに、物事を先に進めるために「こうじゃないんですか？」とナチュラルな言い方で言ってくるので、「けいが言うなら、そうかもな」と先輩たちも彼女の話を聞き入れる人が多かった。そして、後輩たちには理不尽なことを言わないし、面倒なことはあえて自分から率先してやっていた。

「本当にいつもサバサバとしていて、誰に対してもオープンなところがけいらしさだったのだと思う」と坂東は言った。

ほかのメンバーも、こう当時を振り返る。

「いつも屈託のない笑顔で接してくれて、怒ったところや不機嫌なところを見たことがなかった。なんつうか本当に太陽みたいな存在でした」

けいは三年生になると駿大校舎の支部長となった。そして彼女は圧倒的な行動力で部を牽引していくことになる。

けいは三年生の六月、東京から糸魚川まで三〇〇キロを走るファストランレースに参加。MCTCの女子で、この大会に参加をした人はいなかった。驚くメンバーが多いなか、けいの体力を知っている坂東は「けいのことだから完走できるんとちゃうん?」と話していた。

けいの記録は「完走」するどころではなかった。多くの男子を引き離し、三位でゴールしたのだ。この快記録が、部員たちの「挑戦したい」という気持ちに火をつけた。自分がやりたいと思ったことを口にする部員が多くなった。その気運をさらに盛り上げようとけいがやったことは、女子だけによる合宿「女子キャン」だった。

ファストラン参加はさほど心配していなかった坂東だったが、さすがにこの企画には賛成しかねた。

「女性だけというのは、当時は考えられなかったですね」

しかもけいが選んだのは、林道や山道をつなげたコースだった。いまでは「山ガール」という言葉が浸透し、女子だけで山やキャンプに行くことも普通になってきている。しかし当時としては、それは考えられないことだった。坂東は言う。

「男子がいれば何かできたのか?とツッコまれると何も言えないのですが、やはり、女子だけというのは男子部員から見れば心配でした。まだ携帯電話もない時代で、何かあっても緊急連絡することもできなかったし……」

けいが「女子キャン」を企画したのは、「男キャン」というものがあったからだ。男子だけで行なわれる二週間のキャンプで、普段の男女混合の合宿よりハードなコースがとられる。合宿後に「男キャン」のメンバーと会うといちだんとワイルドになっていた。自身もそれに参加した坂東が言う。「二週間、男だけで揉まれてくるので、普段の合宿とは仕上がり感が違った」。

良い顔つきになった彼らを見て、けいもその「女性ヴァージョン」をやりたいと思ったのだろう。坂東は続ける。

「けいの中で、女だから男だからっていうのを捨てたいっていうのもあったと思います。女だからできないっていうのが、いちばん嫌いなことだった。女性の後輩部員に男も女もないということを経験させたかったのだと思います」

本番の「女子キャン」の前に、週末を使い、けいはリハーサルのツーリングをメンバーと行なった。そこでまずけいがしたことは、出発前、ひそかにメンバー全員のタイヤをパンクさせ、さらにブレーキを緩めるということだった。朝ごはんを食べ、勢い勇んで出発しようとしたメンバーは唖然とした。優しいはずのけいがこんなことをするとは……。

「何があっても、女性だけで対応できるようにしたかったんでしょうね」と坂東は振り返る。言葉でいちいち説明して危機感を持たせるよりも、実際に行動させたほうが明確に意思が伝わるとけいは思ったのだろう。そんなけいの「愛のムチ」もあり、「女子キャン」は成功した。

けいは後のインタビューで、自分が支部長だった時代をこう振り返っている。

〈二五期生として「伝統への挑戦」をスローガンに掲げ、伝統としきたりに縛られることなく、自分たちらしさを出すことを心がけてきました。形はなくとも記憶に残る取り組みが重要だと考えたのです。（中略）いまでも時々「女性だから」って声を耳にするけれど、ほかが何と言おうと自分がやりたいと思えば、努力してやればいい。ただシンプルにそう考えています〉（『Meijin』2号）

この言葉どおり、「記憶に残る」旅はその後も次々と展開された。次にけいは、モロッコで自転車の一人旅の計画を打ち出したのだ。

「モ、モロッコ！　アフリカやろ？」

坂東だけでなく、ほかの部員も「マジかよー！」と口を揃えていた。だが、当の本人はケロっとしたもので、大学四年生の夏休みに日本を旅するかのようにモロッコの砂漠を走ってきた。

そして卒業前には、同期とニュージーランドで合宿を行なうことになる。これは坂東が言い出したことだったが、けいは「いいね！　行こうよ！」とすぐに賛同してくれた。自転車で異国を旅した経験など誰にもなかった。だが、けいのモロッコに刺激を受けていた仲間たちは「もうやるしかない」といった情熱に満ちていた。そして、全員が笑顔でそのニュージーランド合宿をやり通したのだ。

そのすぐあとに坂東たちは卒業し、社会人として働きはじめる。だが、けいは「大学五カ年計画」を打ち出し、留年して自転車に乗り続けた。当時の部報には「留年のすすめ」という、マジックで書かれたけい直筆の記事がある。〈自転車の交通事故でたまたま保険金が下りたことで、これまで学生生活と旅を続けられた〉というような内容をユーモア溢れる筆致で書いたあと、最後にこう綴っている。

〈数々の合宿に参加できたのも、数回にわたる不本意な事故による保険金その他のおかげであったと言っても過言ではなかろう。

ＫＥＩの人生＝キズだらけの人生と言われるが、本当に数々のキズを体中に作ったのにもかかわらずＫＥＩはやっぱり今日もバイク（自転車）に乗るのである。

バイクの季節がやってきた。

海に行こーか。
峠に行こーか。
キャンプ道具を持って。
地図を作ろう。
風が吹くまま、気の向くまま
世界中のどこまでも
キミと一緒に走って行こう。
前方には無限に続く道
空にはボクの夢が広がっている〉

この「留年のすすめ」からも明るいイメージしか伝わってこない。

水上由貴や呼子美穂子から聞いていた小・中・高校時代と、大学時代のイメージはまるで正反対だった。「静」と「動」で明確にコントラストが分かれていて、そこには深い断絶があるようだった。坂東は、その断絶を何ひとつ知らなかった。けいは大学時代、自分のこれまでのことを仲間にまったく語っていなかったという。坂東がそれとなく聞いたことはあったが、「べつに、普通だよ。普通」といった言葉しかけいからは返ってこなかった。坂東は、サバサバとして明るいけい、それが本来の姿だと思っていた。あまりに自然体で、演じている気配はまったくなかったからだ。

「社会人になってからのけいと、大学のときのけいは、まったく違いがない。それがけいの本当の姿だと思う」と坂東は言い切っていた。けいには申し訳ないと思いながらも、私は呼子や水上から聞いていたけいの姿を坂東に話した。すると坂東はこう返してきた。

「もしかしたら、中・高のときは親を含めて、こうあるべきだという社会的な規範のようなものがしっくりきていなかったんでしょうね。大学入学までの二年間で、もっと自分を出していいという何かがあったんでしょうね。抑制しなくていいという何かきっかけがあったんだと思うんです。大学のときは自然体で、無理してやっているようには見えんかったし。ただ、そういえば実家の話をまったくしていなかったから、それは不思議でしたね。自分で学費も稼いでいたから、親いるんかー？と思っていたけど、僕らもあえて聞かなかった。もしかしたら、それまで自分を取り巻いていた、こうあるべきだ、みたいなものが窮屈で、そこから離れたいと思っていたのかもしれませんね」

アメリカで変われた自分をこのまま続けたいと強く思っていたであろうけいにとっ

て、坂東のようなメンバーがいる寛容なＭＣＴＣは、居心地のよいものだったにちがいない。そして、自転車での旅は「こうあらねばならない」というそれまでの枠を壊してくれるものだったのだろう。

暑い日差しのなか、自転車を漕いでいるとジュースを差し出してくれる人がいた。地元の産物をくれる人がいた。雨が降ってくると屋根のある場所に案内して「ここに泊まっていけ」と言う人もいた。時には、お小遣いをくれる人さえいた。身を守られた車や電車の旅ではなく、裸一貫で体力勝負の旅をしていたからこそ、多くの人が声をかけてくれたのだろう。それゆえその旅は、その土地を肌で感じられるものとなった。

「いまになって、あの経験は貴重だったと思うんですよね」

坂東は現在、高校生の長男と中学生の長女の子育て中だ。その子育てにも旅の経験は役に立っているという。

「子どもたちには、お前ら、いまはこんな枠の中で生きているけれど、ほかにもこんなのも、あんなのもあるでと、ことあるごとに伝えられる。長男は、部活で野球もやっていて勝ち負けの世界で頑張っている。それも重要だけれど、いまの自分たちの考え方がすべてじゃないよということを子どもに言えるのは、自転車での旅の経験があるからだと思う。毎年、一カ月単位の旅を繰り返したことで、自分の住んでいる世界だけが世界ではないということを、本当に肌で感じることができた」

これはMCTCのメンバーの全員が感じていたことだったのだろう。自転車の旅とは、広い世界を実感し、その中にいる小さな自分を見つめ直すことだった。そして、その経験を通して湧き出た衝動に従って、次の旅に出かけていた――。

ピオレドール受賞の直後にMCTCのメンバーに会ったけいは、まるで大学時代と同じような旅をしてきたかのような軽やかさでカメットのことを話していた。酒が進みバカ話で盛り上がりながらも、皆、冒険と真正面から向かい合っていた学生時代を思い出していた。あのころとまるで変わらないけいが、そこにいたからだった。

坂東は言う。「大学のときは自分の心に素直だった」と。だが社会に出ると、自分の心にいつも忠実であるのは難しい。「本当はこうしたい」のだが、「こうしなくてはならない」という仕事で自分の人生が占領されてくる。

大学を卒業してから数年間、坂東は塾の講師をしていたが、その後、大阪で父親の理容の会社を受け継いだ。四〇代となったいまは、健康と美容の分野にまでビジネスを拡大している。ライバル会社の動向や客や社員の意見、そしてその中で利益を生み出すことに翻弄され、自分の本当の考えとは違う仕事をやることもたびたびだ。そんなときにけいに会うと、「何なんだ、オレは」という気持ちにいつもさせられる。彼女は確実に、自分の心に忠実に生きている。彼女を見ると「あかん、あかん、俺らももっと頑張らんといかんぞ」と思えてくる。振り返れば、大学生のころは彼女と同じように自分たちも夢を持っていたし、ガッツがあった。いまは日々、生活に流されていくなかで、何かをあきらめている部分がある。あきらめてはいけない。あのころの思いを忘れてはいけない。そんな感慨は、けいと再会したＭＣＴＣのメンバーの誰しもが強く感じていたことだった。

坂東は、こうも語った。

「けいは、たぶん自分の心に素直に生きようと思ったんじゃないかな。自分たちも昔は持っていたものを彼女は大切に持ち続け、自分自身に真剣に向き合っていただけなのだと思う」

煩雑な仕事をこなしているとき、折にふれて坂東はけいのことを思い出すことがある。そして、けいのスタイルに近づきたいと思う。

「けいは自分のやりたいことがたまたま登山という冒険になったけれど、人によってはそれが仕事でもいいのかもしれない。もちろんやりたい仕事ばかりを選ぶことはできないけれど、いま行なっている仕事が自分のやり方になっているか、それを考えることは重要だと思う。同じ仕事をするにしても、いまとは違う、別のアプローチの仕方があるんじゃないかと思います。人に振り回されて仕事をしていたり、ただただつらいと思って業務をこなしているときもあります。でもそんなときは、自分に向き合って、やりたいと思える要素を探してみる。そうすることで、仕事の内容は変えらなくても、気持ちやアプローチの仕方を自分流に変えることはできると思う」

何かとしがらみや束縛が多い社会の中で、その枠組みや、あるべき常識は変えることができないものだと私たちは思いがちだ。しかし、坂東が言うように、何かしら変革する余地はあるのだろう。それを見つけて一歩踏み込んでみることで、少しずつ「枠」を「自分の形」に変えていくこともできるのかもしれない。そのような日常におけるわずかな変化は、けいがしていた冒険と同じなのだ。けいもまた、目の前のことに向かって少しずつ飛躍を続けたことで、その舞台がヒマラヤの壁になったにすぎないのだから。

坂東は、けいがいなくなってしまったことがまだ信じられずにいた。旅に出て、音信不通のことが多かったから、いまもまだどこかで旅を続けていて、いつかひょっこり帰ってくる気がしている。

もしもけいが突然姿を現したなら、自分に何と声をかけてくるだろうか。変わることがなかったけいと対話をするためにも、自分も変わらずに目標に向かって走り続けなくてはならない。

坂東諭は、そう思っている。

『かもめのジョナサン』

「女子学生が暮らすような場所ではない」ようなアパートに住み、昼間はアルバイトに明け暮れ、休日は自転車の旅を繰り返していたけい。男勝りの彼女に、部員以外で男友達がいるわけがない。ＭＣＴＣのメンバーは誰もがそう思っていた。

だが大学時代、けいには心を開ける鈴木勝己というクラスメイトがいた。勝己はけいと同じく二年遅れで入学したため、二人は同じ歳だった。そして、同じような高校時代のバックグラウンドを持っていた。

「高校の教室は、画一的なものが求められる空間でしかなかった」

勝己は高校時代をまずそう振り返り、落ち着いた声で私に語り出した。

「八割の人が左と言えば、残り二割は右だと思っていても左を向かなくてはならなかった。僕は、それがとても嫌だった。そう指図されてしまうと、僕は右でも左でもなくなってしまった。勉強はほとんどせず、画一的な世界を必死につくろうとする先生にいつも抵抗していましたね」

勝己は受験勉強を放棄していたが、小説だけはよく読んでいた。没頭して読んでいるときは登場人物に感情移入し、その小説が事実のことのように思えた。自分も物語の状況の中に入れれば、登場人物と同じ行動をとるのではないだろうか。そう思えるような臨場感があった。人間の心理や行動様式を深く理解していなければ、そういった物語は創れない。人間の「真実」に迫る物語を紡ぐ作家たちを勝己は尊敬していた。

ある日、高校の国語の授業で夏目漱石の『こころ』の感想文を書かされた。意外にも、先生がそれをとても褒めてくれた。書いた内容はほとんど忘れてしまったが、漱石自身の人生観にも触れた内容だった。先生は言った。

「お前はやればできるのだから」

勝己は、高校を卒業すると祖母の畑仕事の手伝いを始めた。季節を感じながら土に触ることとは、高校の教室では感じられなかった解放感があった。これからずっと土とともに生きていきたいとそのときは思っていた。

一年も過ぎるころ、漱石の感想文を評価してくれた先生と会う機会があった。「大学でとことん好きなことを勉強したほうがいい。君は自分の世界を持っているのだから」

先生はまたそんなことを言ってくれた。小説のなかで感じていた人間の「真実」。それを大学で掘り下げてみたい……。勝己は人が変わったように勉強を始めた。

勝己は学部を迷った末に、明治大学文学部史学地理学科に入学した。文学ではなく史学地理学科を選んだのは、「これまでの人間が何をしてきたか」を知ることは、「これからの人間が何をすべきなのか」ということへのヒントになると考えたからだ。それは社会全体のことだけではなく、「何のために生きるのか」という「個」としての問いの解答にもつながる気がしていた。

だが、そんな考えを持つ学生はほかにいなかった。「明治大学卒」というブランドを求めて入学し、就職活動のことばかりを考えている学生ばかりだった。女の子を引っかけるためにコンパに行くような学生もいて、勝己も誘われることはあったが、つまらない「お友達ごっこ」をして馴れ合う気はなかった。自立した人間の力が弱くなると思ったからだ。必然的に大学に行く回数は減り、家で本を読んでいる時間が長くなった。「相当に暗い性格だったと思います。読む本がなくなると、辞書を読んでいましたから」と、冗談交じりに勝己は当時を振り返る。

　ある日、久しぶりに大学に向かうと、いまはもうない大学記念館の前で、「あんた、もっと学校に来なさいよ。面白いよ」と明るい女の声がした。自分に話しかけているとは思わなかった。他人を寄せつけない暗い雰囲気の自分にいきなり話しかけてくる学生など、それまで誰もいなかったからだ。当時の彼の写真を見せてもらうと、ひげを生やした眼光の鋭い若者が無表情でこちらを見据えていた。それは「暗い」というより「怖い」顔だった。

「返事ぐらいしなさいよ」

　再び声が聞こえてきた。見ると同じ学部の小柄で元気な同級生だった。

「あのときは、えっ俺？　お前、俺に話しかけてんのか？って感じでしたね」

　だが、うれしくはなかった。逆に、こういう能天気で何も考えていないヤツばかりだから大学は嫌だと思った。それが、けいと勝己の出会いだった。

　その日から、教室に行くたびにけいは「何の本を読んでいるの？」とか勝己に声をかけてきた。はじめは煩わしいとしか思っていなかったが、けいが自分と同じようにオートバイに乗っていることを知ると、会話も少し弾むようになってきた。けいのオートバイは黒のＳＵＺＵＫＩバンディット２５０で、メンテナンスは全然されていなかった。「こんなんで乗っているのか？」勝己はそう言い、自分の工具でけいのオートバイの手入れをした。それでも「陰」の自分と「陽」のけいは、まったく違う種類の人間だとしか思えなかった。

それが一転したのは、けいがリチャード・バックの『かもめのジョナサン』が好きだと話したときだった。主人公のかもめ＝ジョナサンは、ほかのかもめたちが餌を捕るために飛んでいるなかで、純粋に飛ぶという行為自体に意味を見出そうとする。そして、ジョナサンは餌を捕ることも忘れ、速く飛ぶために危険な練習を重ねる。

けいは高校のとき、その本の感想文ではじめて先生に褒められたと言った。それが勝己の『こころ』の思い出と重なった。けいのアパートに行くと、新潮文庫の『かもめのジョナサン』があった。ページを開くと、ジョナサンは仲間のかもめに訴えかけていた。

〈聞いてください、みなさん！　生きることの意味や、生活のもっと高い目的を発見してそれを行う、そのようなカモメこそ最も責任感の強いカモメじゃありませんか？千年もの間、われわれは魚の頭を追いかけ回して暮してきた。しかし、いまやわれわれは生きる目的を持つにいたったのです。学ぶこと、発見すること、そして自由になることがそれだ！〉

けいはこの作品のことを、こんなふうに語った。

「この本を読むまで、あたしはこれまでいつも普通って何だろうって悩んできた。でも、食べることに夢中になるんじゃなくて、何よりも速く飛ぼうとするかもめがいてもいいんだ」

二人は「生きる目的は何か」を何度も語り合うようになった。そのヒントを探そうと、美術館や博物館をめぐり、同世代の若者が情熱をぶつける学生演劇を観に出かけた。二人ともシェークスピアの舞台を好んで観ていた。二人は「道化」が登場するストーリーを好み、原典の読解に挑戦するほどのめり込んでいた。劇中の「道化」は、王様の権威や社会の常識を引っくり返す存在だったからだ。そして、けいは『リア王』も好きだった。勝己はけいが、親に追放されながらも親を愛していた三女コーデリアに自分を重ね合わせていたのかもしれないと思っていた。

大学三年の春休みに、二人は沖縄をオートバイで旅した。沖縄のお盆にあたる時期だった。人々は亀の甲羅を模した巨大なお墓の前で故人を弔っていた。重箱に詰めた沖縄料理をつまみながら、酒を片手に陽気に語り合う人々。死者とこのように関わる文化を勝己は見たことがなかった。彼らが「死後の世界」を意識しているのは間違いなかった。死の世界がすぐ隣にあることで、彼らの生活は活性化されているように勝己には思えた。人間は本来、生きているときにも死というものを意識し続けなくては、生きているという実感も得られないのかもしれない。

そんなことを考えながら沖縄を旅していた二人が、「日本からでも南十字星が見えるんだよ。知ってる？　見に行こうよ」というけいの言葉で行き着いた先が、八重山諸島のひとつ西表島だった。

誰もいない浜辺でけいとテントを張ると、空には無数の星々が輝き出した。あまりに多くの星の輝きで、南十字星がどれなのかわからないほどだった。やがて、あろうことか、足元の砂浜までが星空のように輝き出した。凝視すると、それはヤエヤマホタルの発光だった。空の星が足元の地面にばらまかれ、目の前に見渡すかぎりの光が瞬いていた。

その光景が、勝己の中で死後の世界のイメージと重なった。この旅を経て、勝己は人間の生死について深く考察していくことになる。

自分のテーマを見つけはじめた勝己の一方で、けいは「世界を旅してみたい」と語っていた。そして本当に、モロッコを一人で旅してきた。モロッコから送られてきた絵はがきには、現地の言葉で「勝己」と書かれていた。勝己は、自分もけいと同じように自由に世界を旅してみたいと強く思った。帰国後けいは、アフリカで出会った自由のない女性たちを素材に、人間の自由についての卒業論文を書いた。その当時、勝己は一度も海外経験はなかったが、けいは「君もきっと海外に出ることになるよ」と確信的に言っていた。

「君は行かないだけで、行けない人じゃないんだから」

卒業前はお互いに進路を悩んでいた。ただ、お互いが別々の道を進むこと、違う「旅」をしていくことは決めていた。

勝己は人間の生死について深く学びたいと思っていたが、それが本当に正しい選択であるのか不安だった。そんな勝己にけいは、「自分で自分を信じてあげられなくなったらおしまいだ」「幸せはかたちじゃない、自分がどう感じるかだ」そんな言葉をかけてくれた。

そう言うけいも、あの『かもめのジョナサン』のように「早く飛ぶ方法」を追求する人生を送っていくのだろうと勝己は思っていた。二人はいつも同じ心的情景を見て、同じ価値観を共有している同志なのだと信じていた。けいは、医者の少ない田舎で弱っている人を看護する仕事にも興味があるとも語っていた。だが、彼女は予想外にも、大手広告会社である共同ピーアール株式会社に就職を決めてしまった。

明治大学を卒業後、勝己は千葉大学大学院に進学した。けいからは、何度も手紙がきた。勝己は新しい環境に慣れるのに必死で返事を出さなかった。すると「心配している相手に返事をしないとは、人間としてどうなの？」といった内容の手紙が送られてきて、勝己は素直に反省した。その後は再び連絡を取り合うようになった。

就職して三年ほどでけいが会社を辞めたと聞いたとき、勝己は何かほっとした気分だった。けいはやはり、自分らしい生き方を追求するべきなのだ。一方で勝己は、東南アジアのラオスとタイで、人間の生老病死とその文化について本格的な研究活動をスタートさせることになった。大学卒業の直前にけいが予想したとおり、勝己は日本を離れることになったのだ。けいが日本から寄こしてくれた手紙には、こんなことが書かれていた。

〈海外にはよく行くけど、行くたびに新しい衝撃的な発見があって壁にぶつかったり、日本を好きになったりする。そのときの気持ちや考えたことは忘れられないし、忘れたくない。日記はつけたほうがいいよ。アメリカのど真ん中で一年生活したときは、まだ高校生で世界が相当に狭かったと思うけど、大地に沈む夕日を見て涙を流したことはよく覚えている〉

勝己は最初の調査国ラオスでメコン河に沈む夕日を目の当たりにし、けいとまったく同じ心情になった。けいの言葉を思い出すと、しばらくここで暮らしてみようと勇気を持つことができた。

その後、勝己は隣国のタイに移動し、エイズホスピス寺院で末期患者に寄り沿う生活を始めることになった。身近に「死」と向かい合うことは、研究という領域を超え、一人の人間としての勝己自身を揺さぶった。勝己はエイズ患者が亡くなる直前に「ああ、この人はもうじき旅立つな」と感じられるようになっていた。それまでその人にあった生命の「気」が、体から抜け出ていくのを肌で感じ取れたからだ。

タイに滞在している間に、けいは海外遠征の途中で何度か立ち寄ってくれた。勝己がホスピス寺院のエイズ患者を通して「生」と「死」を見つめているときに、けいは登山を通じて「生」と「死」を感じていた。ただ勝己は、けいがどんな山に登っているのか聞きはしなかった。かつて『かもめのジョナサン』を読んでいた彼女がいま「どれだけ速く飛んでいる」かは、さほど重要なことではなかった。餌を捕るためではなく、けいは自由に飛び、自分の人生を追求している。その事実だけで、勝己は十分だった。そして、目指す「山頂」は違うけれども、鈴木は自分もけいと同じ「冒険者」だと思っていた。

タイから帰国した勝己は、早稲田大学人間科学部、日本赤十字看護大学などで教鞭をとることになった。そして、生と死についての考察を続けた。帰国してからも、けいとは違う種類の冒険を続けようとしていたのだ。そこで、一人の女性と出会い、二〇一二年には長女を授かった。母親になったその女性は、自由奔放なけいとは違い、国家公務員のエリートだった。

出産の翌日、すぐにけいは赤ちゃんに会いに来てくれた。勝己は彼女の登山家としての偉業や強さは、あまりよく知らない。だが、けいが子どもに対して、弱っている人や傷ついている人に対して、無尽蔵の愛情を注ごうとする人間であることはよく知っていた。けいは心底うれしそうに、まるでわが子のように、愛おしそうに赤ちゃんを抱いていた。

それを見て勝己はこう思った。一八歳のとき、けいは両親から離れて外の世界に飛び出していった。そして自分らしさを追求するために「冒険」の世界へと踏み出していった。誰にも頼らず、自活して気を張りながらも、しかし、どこかで「家庭」を求めていたのかもしれない。いや、あるいは「冒険」と「家庭」は、けいの中で相剋するものではなかったのかもしれない。けいであれば、二つを両立させることもできたのかもしれない。「速く飛ぶ」ことも「家庭を持つ」ことも、けいならできたのかもしれない――。

怒濤の国内登攀

「ピオレドールどころか、あのころはヒマラヤに行くようになるとはまったく思ってなかったですね」

そう語ったのは、けいが社会人一年目から所属していた登山のクラブで同期だった小川弘資だ。そのクラブはティーサーブで働いていた若者により立ち上げられていた。創設とほぼ同時に入会した新社会人のけいと一八歳の小川は、その後、三年間ほど多くの山行を共にしていた。登攀技術のなかった二人は、奥多摩の簡単なハイキングから登山を始めたという。

現在、横浜市でクライミングジムを経営する小川は、太い腕で私にコーヒーカップを差し出しながら言った。「あのころは、目の前の山を淡々と登っているという感じで、僕は海外の山なんて想像もしていませんでしたね。おそらくけいさんもそうだったと思います」。

なぜ、けいは山を始めたのだろうか。小川によると「大学の自転車部で山の方に行くことがあって、さらにもう一歩踏み込んでみたいと思ったんじゃないかと思います」。山を始めた当初はそれほど強いモチベーションはなかったようだ。

けいと小川は入会一年後の目標を「北アルプス表銀座コースから槍・穂高連峰の縦走」にしていた。多くの登山者が憧れる登山道をつなげたものだ。だがその挑戦は、雨に降られ、槍ヶ岳まで行ったところで撤退。下山後、「これから先どんな登山をしようか」という話題になったが、けいは「まだわからない」と答えていた。

翌年の再トライではスムーズに奥穂高まで縦走。さらに、けいは単独で西穂高岳まで縦走した。それを境にけいの山への意欲は高くなっていったようだ。その秋にけいは、はじめてのアルパインクライミングで谷川岳一ノ倉沢の初級ルートをクラブの仲間と完登。先を越されて悔しかった小川も、けいに続きアルパインクライミングを開始する。

「そこからは、山へ行く回数が一気に増えました。近郊の岩場にも時間があるかぎり通っていました」

当時、けいは山道具を会社の近くの「ジャンダルム」という店で購入していた。けいはオーナーの服部夫妻を登山の先輩として尊敬しており、登山計画の相談を彼らにしていたようだ。服部夫妻は、やる気盛んなけいを見て京葉山の会を紹介した。ある日、いきなりけいは小川に電話越しに明るい声で言ってきた。

「ヒロシ！　ジャンダルムの服部さんが京葉山の会を紹介してくれたから一緒に入ろう！　まずはジャンダルムに来てよ！」

東京中央区京橋にある雑居ビルの一階にその小さな店はあった。オーナーの服部は二階でレストランも経営しており、けいと小川は、そこで大盛のプレートを無料でご馳走になった。小川が初来店したため無料にしてくれたのかと思いきや、その後二〇一四年九月に閉店するまで服部夫妻は小川とけいから一度も代金を受け取らなかった。

京葉山の会に入会したものの、けいはアルパインクライミング一辺倒にはならなかった。ティーサーブの佐藤佳幸がアドベンチャーレースを始め、けいと小川はそこに誘われたからだ。その夏、けいは四回、小川は二回レースに参戦した。

小川はレースに面白さを感じていたものの、クライミングに集中したいという思いから、その二大会だけでアドベンチャーレースをやめた。だが、けいはその後もレースを続けた。

「彼女は生き方が上手でしたよね。楽しいものは、どれもやってみようみたいなスタイルで。同時進行できるタイプの人でした。しかも浅くではなく、深く、広くだった」

冬のアルパインシーズンが始まるまで、けいはずっとレースのトレーニングをしていた。小川は言う。「ただ、アスリートぽい感じはまったくなくて。トレーニングなのに、楽しいからやっているみたいな雰囲気があった。だからこそ、いろいろと幅広くこなせたんでしょうね」。

山に雪が積もるころ、けいは登攀の世界に戻ってきた。京葉山の会には、ハードなアルパインクライミングを志す小河原務がいた。その小河原をリーダーに、小川とけいは精力的に雪山へ通うことになる。

「あのときは情熱が体を動かしてましたね。二〇〇〇年十一月から翌年の五月まで、土日は全部、山に行ってました。天候が悪くて敗退したこともありましたが、とにかく毎週末行ってましたね。僕もけいさんもこのシーズンですごい伸びました。いま考えると、よくやってたなーと思いますよ」

小川の父は、小川が二〇代のOLと毎週山へ出かけていると知り、付き合っているものと思っていたようだ。だが苛烈なアルパインクライミングをこなすなかで、小川はそんな感情はまったく持てなかった。そもそも毎週雪山を楽しみにしているけいの雰囲気は、若いOLというイメージからかけ離れていた。けいがスカートを履いている姿すら、小川は見たことがなかった。

だから、このシーズンの終わりごろ、けいが三年間勤めた会社を辞めたとき、小川はまったく驚きはしなかった。その直後、けいは小河原とアラスカのデナリに登頂した。けいは植村直己を尊敬しており、彼が亡くなったデナリは、以前から憧れの山だったようだ。

そこから帰国すると今度は、ニュージーランドへ。Team EAST WINDの一員としてアドベンチャーレースのエコ・チャレンジに参戦。完走さえ難しいこの国際大会で、一一位という好成績を収めた。

冬が近づき、アルパインクライミングを再開すると、けいは京葉山の会以外のクライマーとも国内の山に向かうことになる。その晩秋、明星山正面壁ルートを田中幹也と登っている姿が、山と溪谷社のクライミング専門誌『ROCK & SNOW』17号に掲載されている。

けいより七歳年上の田中は一九八六年から一九八九年の四年間で谷川岳、甲斐駒ヶ岳、黒部、ヨーロッパアルプス、ヨセミテなどの岩壁を一八〇本以上登攀した気鋭のクライマーだった。だが八九年を境にぴったりと激しい登攀をやめている。けいと登った明星山は、田中にとっては引退後の余興のようなものだった。田中は激しい登攀をきっぱりやめた理由を「自分に才能がまったくないことを知って断念した」と語る。わずか二四歳のときだった。

一方で、けいが本格的にアルパインを始め、デナリに登頂したのは二八歳のときである。田中からすれば、それは遅すぎるスタートだったのではないだろうか。その質問に田中はこう答えた。

「たしかにアルパインクライミングを始めたのが二〇代後半とかなり遅い。このあたりはけいちゃんの器とも絡んでくると思う。いわゆる偏差値的なチマチマとした判断基準で、自分の可能性を限定していなかった。純粋にそのとき自分のやりたいことこそ、自分にとって最高の選択という捉え方をしていたのだと思う」

けいはデナリ登頂からわずか四年後にシブリンに登頂。さらにその三年後にはカメットに登頂する。それは登山の常識からすれば、段階を飛ばした急な進歩だといえるだろう。だが、田中の見方は違った。

「技術面に関しては、かなりしっかりとステップアップしていたのではないか」

その理由はこうだった。

「ロープを組んだ人たちのスキルがみな高かったから。山岳会などにおける技術講習といっても、かぎりなく表面的なものも少なくない。スキルの低いリーダーに教わっても所詮はやった気になるだけで、実質的にはいくらも身につかない。けいちゃんは、かなりきちんと段階を踏んで技術を習得していったと思う」

この田中の発言を補足すると、けいは旧来のスキルだけでなく、新しいスキルも持つクライマーと登攀を共にしていた。

二〇〇〇年代前半、アルパインクライミング界では用具に大きな革新がもたらされていた。それまでストレート形状だったアックスには大きな改良が加えられ、バナナのようにカーブしたものが主流となった。これにより傾斜の強い氷や岩を、それまでよりも簡単に登ることができるようになった。アイゼンも前爪が横爪二本のものから縦爪一本が主流になり、フリークライミングの動きを生かした登攀ができるようになった。それら進化した用具を使いこなし、それまで見向きもされていなかったラインを登攀する、いわば新世代のクライマーたちが現れるようになった。

新しいスタイルを模索する若きクライマーたちの中でその最先端を走っていた一人が、一村文隆だった。クライミングのために上京した一村は、アパート代を浮かせるために一時期、京葉山の会の小河原の部屋に居候をしていた。その縁で、けいとも出会った。けいは一村とも山に行くことになり、いきなり最先端の技術を現場で見られる機会に恵まれたのだ。

一村と山の仲間になったのを機に、けいはほかの勢いのあるクライマーともどんどん友人になった。その後、日本のアルパインクライミングを牽引していくことになる横山勝丘《かつたか》とも二〇〇三年に、岐阜県高山市福治温泉近くに〈武士道〉というアイスクライミングルートを開拓している。そのときのことを横山は、こう振り返った。

「パートナーの先輩と〈武士道〉を登る予定になっていたのだけれど、そこにけいちゃんが合流してきた。それがはじめて会ったときで、うわー、パワフルだなーと思った。はじめからわーっと話しかけられて、俺は押され気味な感じで、なんなんだ、この人はとも思った。でも、そういう性格だからすぐに距離は近くなって〈武士道〉を登攀しているときも楽しかった。正直、そのときけいちゃんはクライミング能力が低かったから、アルパインクライミングを続けていくかどうかはイメージが湧かなかった。でも、そのエネルギーで何かしらをやっていくんだなとは思っていた」

さらに一村のパートナーだった鈴木啓紀《ひろき》とも、二〇〇五年からロープを結ぶようになった。鈴木が二五歳、けいが三三歳のときだ。鈴木の所属する山岳会は先鋭的なクライマーを輩出しており、けい以上の実力者は多くいた。それにもかかわらず、鈴木はその後、多くの登攀をけいと共にすることになる。鈴木と私と平出は同じ歳で、三人ともお互いのことは知っていた。けいと登りはじめた初期のころから、鈴木は「けいちゃんは、最高のクライミングパートナーだ」と仲間に言っていた。今回、あらためてその理由を聞いてみると、鈴木は迷うことなくこう答えた。

「初心者のころであれば、自分より技術のある上級者に連れていってもらうことも必要。でも、それ以降は、パートナーに求めるのはレベルではなく、山での判断基準に互いのズレがないことだと思う」

壁のどのラインを選ぶか。天候の変化をどう読むか。トライするか、あるいは引き返すか。そのような現場での判断がアルパインクライミングでは重要なのだが、けいと鈴木の判断基準はとても近かったのだという。

「簡単に言えば、けいちゃんも自分も慎重なほうだったと思う」

そして、矛盾しているようだが、慎重でありたいがためにあえて二人はリスクのある難壁を登り続けていたのだという。

「どこまでが安全で、どこからがリスクがあるか。その判断力は山で経験を積まないとついてこない。正しい判断を下せるようになるために、オレもけいちゃんもとにかく数をこなしていた」

鈴木とけいは、北アルプスを中心にかなりの数の登攀を国内で行なっていた。鈴木は、けいをパートナーにしていた理由をこうも語っていた。

「技術があるクライマーはほかにもいるが、けいちゃんは生物《せいぶつ》としての強さみたいなものをはじめから持っている感じがした」
難しいピッチを登れる技術の高いクライマーはほかにも大勢いた。けいよりも体力のあるクライマーも少なくなかった。だが、けいには、ほかの人にはない何か根本的な「強さ」があった。それはなかなか言葉では形容し難く、登攀グレードや数字でも表せないものだと鈴木は言う。

しかしたしかに、その生物としての強さがあったからこそ、毎シーズン、厳しい壁に挑むことができたのだろう。そして、壁の中での実践を通じ、けいは新しい「技術」を身につけていった。さらに、その技術習得の過程で「判断力」も磨かれることになる。

「強さ」「技術」「判断力」。相関関係にあるそれらの要素は、登攀の中で果てしない連鎖を続け、鈴木とけいのレベルを押し上げていったのだろう。二人の活動は国内にとどまらず、二〇〇八年六月にはアラスカに赴き、デナリのルース氷河で五本のルートを登攀している。それらの経験をもとにして九月にけいは、平出とカメット南東壁の初登攀に成功。この記録でピオレドール賞を受賞する。

しかし、そこでけいは立ち止まらなかった。帰国後の冬は鈴木と、それまで以上に激しい登攀をこなしていった。十二月の八ヶ岳から始まり、年末年始には大喰岳西尾根から槍ヶ岳西稜の登攀。厳冬期には錫杖岳前衛フェイス、明神岳などの岩壁に通い込み、雪が安定した時期になると戸隠や谷川岳など氷雪の難ルートに向かった。さらに晩冬には、北岳バットレスの日帰り登攀を行なっている。

鈴木は振り返る。

「あの一冬で、大きく進歩した手応えがあった」

鈴木は車やテントの中で、けいと多くのことを話した。だが、彼女は鈴木に「強いクライマーになりたい」と言ったことは一度もなかったという。「高グレードのルートを登りたい」と語ったこともなかった。「グレードを気にするというのは、けいちゃんのいちばん嫌いなことだったと思う」と鈴木は言い、さらにこう続けた。

「ただ、人として強くなりたいというようなことは、何度か言っていた」

鈴木は、けいのその言葉にまったく不自然さを感じなかった。鈴木自身は「クライマー」という響きに憧れを持っていた。しかし、けいには、そのキーワードをもってしても捉えることができない懐の深さがあった。「人として強くなりたい」という言葉は抽象的だったが、それはまさにけいが目指しているところだろうと鈴木は思っていた。そしてもちろん鈴木は、「クライマー」としてだけではなく、純粋に「人」としてけいを見ていた。

「クライミングパートナーという以前に、けいちゃんとオレはいい友達だったのだと思う。一緒にいて楽しかったから、山にも一緒に行ったのだと思う。結局は、それがいちばんの理由だったのかもしれない」

けいが初級者だったころにロープを結んだ田中幹也は、厳冬期カナダ中央平原の徒歩とスキーでの踏破など水平の冒険にシフトし、けいと山に行くことはなくなっていた。だが、彼女のヒマラヤでの記録は見守り続けていた。

なぜけいがヒマラヤで活躍できたのか田中に問うと、次のような答が返ってきた。

「けいちゃんは、たぶんヒマラヤの登攀に求められる要素をもとから備えていたのではないか。難しいところを登る技術や的確な判断力は、隊で誰か一人いれば事足りる。でも体力や順応力は、すべての隊員に求められる。順応力とは、高所だけでなく、現地の文化も含めてのこと。けいちゃんは、なかでも現地に順応する力に長けていたと思う。異文化を楽しめるか、ストレスに感じるかの違いは非常に大きい。この順応力こそ、けいちゃんのいちばんの才能だったのではないか」

偏狭な視野を捨て、人としての「広さ」がなければ、異文化に「順応」はできない。その「広さ」を「強さ」という言葉に置き換えられるとすれば、けいが「人としての強さ」を求めていたことは、結果的にそれがヒマラヤンクライマーとしての強さに結びついていったといえるだろう。

かくしてレベルアップしたけいは、より困難なヒマラヤの壁に平出和也と向かうことになる。

第9章 さらなる難壁へ

未知のガウリシャンカール

二〇〇八年のカメット南東壁初登攀でピオレドール賞を受賞した谷口けいと平出和也。彼らの次の目標は、ロールワリン・ヒマラヤの峻峰、ガウリシャンカール（七一三四㍍）だった。

平出はこの山を、空撮の写真集から見つけた。記録を調べてみると、一九九七年にトップクライマーの山野井泰史が北東稜に挑戦したが悪天候で断念。翌九八年、日本のアルパイン界を牽引してきた坂下直枝が北側からこの山に向かうも大雪のためアプローチで撤退していた。

写真集に見るガウリシャンカールの北面が、ほとんど手付かずで残されていたことは驚きだった。そして北面の周辺には登攀をせずに歩いて登れる、いわゆる「一般ルート」はなかった。平出にはその点も魅力だった。というのも、これまでに登ったシブリンやカメットには「一般ルート」があり、壁を登って登頂したあとはそこを下降することができた。平出はそれを、安全を確保されたフィールドで「遊ばされていた」とも感じていた。「一般ルート」がないガウリシャンカールで登攀をすることは、ワンステップ上の冒険になるはずだと平出は思っていた。

一方でけいは、純粋にその「未知性」に惹かれていた。『ROCK & SNOW』47号にこう書いている。

〈どこかでふとその山の写真を見て、映像を見て、またはどこかの景色のなかにそれを見て「ああ、あの山に登りたい。あそこに自分のラインを引きたい」などと思いを馳せたことがありますか？

そんなとき、あなたならどうするだろう。

私はそこに行ってみたい。もしその山が、その姿が、いまだに誰にも触れられていないと知ったとき、その思いは間違いなく、より強くなるだろう。なぜ、この美しい山が未踏のまま残されているのだろう。あまりにも技術的に困難なのか、天候が安定しない土地なのか、その山の懐へたどり着くための道のりに容易ならぬ理由があるのか、それとも社会的に特殊な地域（国境）だからか？

ネパールとチベットの国境に位置するガウリシャンカールは、私にとってそんな思いを馳せていた山のひとつだった〉（「近くて遠い頂　ガウリシャンカール東壁」）

平出とけいが事前に持っていた情報は数枚の写真だけだったため、ベースキャンプ入りしてから具体的な登攀ラインを探っていった。結果的に写真で目星をつけていた主峰の北峰ではなく、南峰（七〇一〇メートル）に抜けるラインにトライすることになった。カメットではほとんどリードを平出に任せていたけいだったが、このガウリシャンカールではリードを交代しながら登攀をこなした。確実にレベルアップしたけいがそこにはいた。二人の息は完璧だった。多くを語らなくても、パートナーとして相手が次にやりたい動作がわかり、体力の消耗具合も自分のことのようにわかった。

それにもかかわらず、山頂には立つことはできなかった。四日目、ヘッドウォール（最上部に切り立つ岩場）を横に移動しながら上への突破口を探したが、どうしても岩の弱点を見つけることができなかったのだ。頂上はすぐそこに見えていた。だが、やはり登れる場所がない。

越えることができなかったポイントから、ビレイをしているけいのところに降りてきた平出は言った。

「あー、やっぱり、けいさんだめだ」

「あー、だめか、じゃあ帰ろう」

けいはそう返してきた。

山頂を踏めなかったことに、当然悔しさはあった。

「でもあのときは二人ともハッピーな感じで、敗退したという感じではなくてベースキャンプへ下っていったんです」

だが私には、平出だけでなく、けいも本当にそう思っていたのか疑問だった。平出をロープで確保していたけいは、最後の岩場を見ていない。それでよかったのだろうか。そこを自分がトライして確認したいという思いはなかったのだろうか。そんな疑念を私がぶつけてみると、「なかったと思いますね」と平出は明確に答えた。

「パートナーとして交代でリードしていってわかったんだと思うんですよ。これはいつもの山とは違うなということが。そして僕たち二人のレベルに差がなく、息も合っていると感じていたそんなときに、僕があーだめだと降りてきたから、自分にも無理だとわかったんでしょうね。戻ろうと思った判断にお互いのズレがなく、すんなり撤退を受け入れられた。片方が連れていかれる立場だったら、敗退するポイントの認識も違っていたと思いますが、肉体も気持ちもレベルが同じだったから、お互いに納得して降りてこられた。もちろん登れなくて悔しいけれど、すっきりした敗退でした」

平出とけいは、まわりが想像する以上に良きパートナーとして進化していたのだろう。

「あのときは、本当に笑って敗退したんですよ」

カメットのように賞をもらうような登山にはならなかったが、二人にとってはこのガウリシャンカールのほうが完成度は高かった。

山から下りたあと、けいは平出のカメラに向かってこう語っている。その言葉は、本当にすがすがしさに満ちている。

「ただ生きるだけでもエネルギーは使うけれど、私はぜいたくなのでどうせ生きるなら一瞬一瞬を欲張りに生きたいなと思っています。未知の世界って、すごく人を惹きつける力があると思うんだけれど、そういうところに一歩踏み出せるかどうかっていうのは自分にかかっているし、踏み出したか踏み出していないかで、世界の広がりも変わってくるんじゃないかな、と。今回のガウリシャンカールの挑戦は、失敗といえば失敗なのかもしれないけれど、誰も登ったことのない壁に足を踏み入れて、途中までだったけれど登ることができたこと、そして、素晴らしい景色を見られたということが宝かなと思います。やらないのに、やれたかなってあとで思うよりも、無理かもしれないけれど、行けるところまで行くことが重要なのかなって思います」

アラスカ追悼登山

完璧なパートナーシップを築きはじめていた二人。しかし翌二〇一〇年、彼らはヒマラヤに行くことができなかった。春にけいが山スキーで膝をけがしてしまい、一カ月にわたる入院生活を余儀なくされたのだ。けいはその冬、ゲレンデに通い込み、本格的にスキーに取り組んでいた。春からはバックカントリースキーも始めた、その矢先の事故だった。

平出は、けいがスキーを始めたきっかけは、ピオレドール賞授賞式のときにシャモニで見たスキーを自在に操る向こうのクライマーたちの姿だったと思っている。広大な氷河を素晴らしいスピードで移動する彼らをけいは羨望の眼差しで見ていた。

だが、彼女を知る山岳関係者の中には、彼女がスキーを始めたことに疑問を持つ人もいた。プロのクライマーであれば、自分の専門分野を追求し、その能力を伸ばしていくのが当然だ。けいでいえば、高所登山の分野のスキルに磨きをかけるのが筋だった。二兎を追ってスキーでもプロのレベルになるのは容易なことではない。プライドを捨て、ヒマラヤ登攀で必要とされない技術をあえて身につけたいと思った理由は何だったのだろうか。

「それが、けいさんにとっての冒険だったからですよ」と平出は即答した。

「けいさんは、自分の感性、魅力的に映った世界に足を踏み込まずにはいられなかったんです。スキーは基礎レベルだったかもしれない。しかし、それはけいさん個人としては挑戦であり、飛躍だった。もしかしたらその挑戦は、ヒマラヤの壁と同じくらい彼女には価値のあるものだったのかもしれない」

平出は、二〇一〇年に予定していたチベットのナムナニへの遠征を翌年に延期した。そしてけいには、「ナムナニを目標にすることで、リハビリを続けてほしい」と告げた。

退院したけいは、しゃがむことができず、自宅の和式トイレを使うことができなくなってしまった。平出は、けいのために洋式トイレのある物件を探した。そして見つけた東京・小金井市の木造アパートに、平出は彼女の介護をしながら暮らすようになった。

普段は自然食を愛しているけいだったが、このリハビリのときばかりはサプリメントを摂っていた。そして「山に行くことがいちばんのトレーニング」と言っていた彼女が、リハビリで街のロードを走り込んだ。三八歳の彼女の回復は、一〇代のように早かった。

足が回復しはじめると、けいはすぐに旅から旅へと出かけてしまうことになり、アパートはＩＣＩ石井スポーツに通勤する平出の一人暮らしの部屋となった。


翌二〇一一年、リハビリから復帰し、本格的に山を再開しようとしていたけいに、これまでとは違う大きな壁が突然現れた。東日本大震災だ。震災当時、けいはタスマニアにいたが、帰国するとすぐに岩手県宮古市に自分のテントを持ち込み支援活動を行なった。震災の混乱が落ち着くことはなかったが、けいは秋のナムナニの前に、花谷泰広、大木信介と春のアラスカに行く計画を立てていた。「なぜこんなときに」という声に答えるかのように、けいは次のような手記を東京新聞刊（当時）の『岳人』二〇一一年十月号に書いている。

〈地震直後、じつは私も葛藤していた。こんなときに、アラスカ遠征なんて行っていいのだろうかと。葛藤しながらも「行かない」という答えは自分からは結局一度も出てこなかった。

このシーズン、アラスカへ行こうと計画していた幾人もが、「行かない」、もしくは「行けない」ことになった。でも、私にできることは自分らしいチャレンジをすること、前向きなエネルギーを発信することだと思う。私がアラスカ遠征に「行かない」ことでニッポンが良くなるとも思えなかった。それは、被災地への支援活動に行ったあと確信となった。医療チームのサポートで被災地へ行った花谷も、同じような葛藤を経て、同じ結論に達していた。

幸か不幸か、自分自身と向き合うことを余儀なくされた結果、私たち三人は迷いのない一〇〇パーセントの気持ちで、アラスカへ向かうことができた。大木が日本の旗を持ってきた。世界中からのクライマーが集うデナリで、被災地ニッポンと世界をつなぐ絆を共有しようという思いを込めて、メッセージをもらうことになった。

いつの遠征よりも、世界中の多くの人と話をした。「絆」の意味を伝えることで、話をした相手、時空を共有した相手との絆が生まれた。たとえば、アイスランドから来たあるクライマーが、アラスカの氷河の上で、日本とそこにいる人たちのことに思いを馳せた瞬間、そこに「絆」が存在するんだなって感じたのだった。私たちが思っていた以上に世界中のクライマーの絆意識は高く、「キミらはいつだって一人ぼっちじゃない」「いつもボクらは共にいるんだ」というメッセージが多くて熱かった。そして、生と死がいつも隣り合わせにあることを意識しているクライマーの言葉は、時として重みを感じた〉（「アラスカの氷河に過ごした2カ月、悲喜笑涙交々」）

けいがこの遠征で目指したルートは、カヒルトナピークスからデナリ・カシンリッジの縦走だった。氷河の底から北米最高峰デナリ（六一九三㍍）の山頂へと一直線に延びるこの美しいルートは、それより二年前の二〇〇八年、山田達郎、井上祐人という若きクライマーが挑戦していた。けいと彼らは旧知の仲で、その挑戦の直前にはルース氷河でテントを並べ、二週間氷河上で生活を共にしていた。

井上は高校一年生から社会人山岳会であるチーム84に入り、先鋭的な登攀を始めたクライマーだった。高校二年生で早くも冬の谷川岳一ノ倉沢の壁を登攀している。山田も高校を中退してニュージーランドに渡り、そこで山を始めた。けいも高校生のときに、アメリカ留学という「冒険」をしている。一〇歳ほど年は離れていたが、自分と同じような時期に自由を求めて冒険を始めた彼らに、けいは親近感を覚えていたにちがいない。

だが、カヒルトナピークスからデナリ・カシンリッジの縦走を目指した彼らは、デナリ山頂を目前に行方不明になってしまう。山田達郎二七歳、井上祐人二四歳だった。

山田達郎は生前、アメリカ人女性クライマー、ララ・カリーナ・ケロッグの遭難に際してこんな文章を書いていた。

〈クライマーとして近い境遇で起きた悲劇に胸が痛み、山で死ぬことの意味を考えさせられた。それは特別なことではないと思いたかったが、残された者の身になれば、やはりそれは特別なことだとも思う。

果たして私は大切な人を失っても強く生きていけるだろうか？　また、いつか訪れる私の死に真っすぐ向き合ってもらえる人間関係を築けているだろうか？

なにはともあれ、死を恐れて生きることをやめるバカなどいない。

ならば彼女の分まで生きて登ろうと思った〉（「追憶のとびら」）

『岳人』二〇〇八年二月号に掲載されたこの山田の一文を、けいも読んでいたであろう。

山田と井上の死に「真っすぐに向き合った」結果、けいが起こした行動が、彼らの「カヒルトナピークスからデナリ・カシンリッジの縦走」を完成させることだった。

大木とけいはその縦走の前に、デナリの近くのフランシス峰南西稜、カヒルトナクイーン西壁などを登攀し調子をあげていた。だが、その年のアラスカは天候不順が続き、なかなか縦走には踏み込めなかった。大木は帰国日となり、花谷とけいの二人でそのラインをトライすることになる。

「ラインを完成させることができたら、ルート名は〈絆〉にしよう」

と、けいは言った。花谷はそれに賛成だった。「あのときけいちゃんは、達郎と祐人との絆という意味でそう言っていた。もちろんオレも二人のラインは完結させたいと思っていた。ただ……」と花谷は言葉をつなげた。

「ただ、弔い合戦みたいな、ネガティブな雰囲気はまったくなかった。単純にいいラインに見えて、登りたいと思っていた。取り付いてみると、雪の状態が悪いこともあり、難しく、長く、本当にすごいラインだった」

花谷は、それまでヒマラヤやアンデスの難峰に数々の登頂経験があり、この翌年、ネパールのキャシャール南ピラー（六七六七㍍）の初登攀でピオレドール賞を受賞することになるトップクラスのクライマーだ。だが、その花谷とけいをもってしても、その年の悪いコンディションの中では後半部、カシンリッジの登攀はできなかった。そして、雪崩やセラック崩壊のリスクのあるデスバレー（死の谷）からの下山を余儀なくされた。花谷はこう振り返る。

「あのときは、必死で下降した。セラックの真下をロープで下っているときは生きた心地がしなかったよ。生還できて本当によかった」

山田と井上のルートは未完のままに終わってしまったが、けいはこの登攀を通して二人と「対話」をしていたにちがいない。

その年の暮れ、けいは唯川恵の恋愛小説『一瞬でいい』の新潮文庫版に「今日も山から物語は始まる」という表題で解説を寄せている。そこには山田と井上の生と死だけでなく、自分の生と死をも見つめながらデナリに挑戦したけいの気持ちが描かれていた。


〈同じ山にはめったに行かない私だが、アラスカのデナリには、その後も何度か戻っている。何故か惹かれる山だ。この山には、喜び・悲しみ・笑い・悔しさなど、様々な感情の最も強いところを引き出されているかもしれない。

この山から還《かえ》って来なかった大切な友人のせいで、やっぱり私はまたここに行く。

彼らを奪ったその「一瞬」が、どんなものであったのかは誰も知らない。

死は怖くなかったか。

死が悔しくなかったか。

自分の運命を嘆いたか。

物語の中の、創介の英次《えいじ》への問いと同じものを、私も何度問いかけたことだろう。

しかし、そこにも答えはない。

飽くことのない美しさと、厳しさとを備えたデナリが、変わらぬ姿でそこにあるだけだ。

真剣に山と関わって来た、私のまだまだ短い歩みの中で、それでも幾度となく生と死と直面させられた。幾人かの大切な山の友人は、出掛けた山から還って来なかった。山での死は、決して美しくなんかない。残念だ。しかし、彼らの生きた時空は間違いなく、迷いなく、美しいと思う。

そんな彼らの美しさと無念さに触れる度に、やっぱり私は山に行く。

彼らがどんなにドキドキしながら雪や岩を攀《よ》じったか、どんなに素晴らしい景色を我がものにしたのか、私も少しは知っているし、もっと知りたいからだ。そして、生きている自分を実感する。

死に触れる度に、生を尊く思う。

こんなの、こんな人生、いいのかどうかも分からないけれど、生の素晴らしさと大切さを実感できる自分で良かったと、つくづく思う。

生きられなかった人生の分まで、私は欲張りに生きたいな。全《すべ》ての一瞬一瞬を、逃したくないって思うのだ〉

恋愛小説の解説として出てくるこの文章を、山に登らない読者はどんな気持ちで読んだのだろうか。けいの〈死に触れる度に、生を尊く思う〉というフレーズは、山田の書いた〈死を恐れて生きることをやめるバカなどいない〉に通ずるところがある。そのような言葉は、極力死を遠ざけようとする健全な人からすれば異様に聞こえるかもしれない。しかし、淡々と過ぎ去る日常生活にはない輝きが、死と隣り合わせの山にはある。それを象徴するように、けいがデスバレーを下っていたときの記述は煌めきに満ちていた。

〈フォーレイカーが夕焼けから朝焼けへと色を変じていく眠らない季節の不思議な美しさを、たった二人でほしいままにし、涙が出るほど感動した。大きな地球の上のちっぽけな二人の人間という現実が、いまは自分の両手の中に偉大なる地球の美しさを独占して抱えているような、幸せな感覚に変わっていた。誰よりも、生きていることに感謝した瞬間かもしれない〉(「カヒルトナピークス縦走」『ROCK&SNOW』53号)

アラスカで完全復活を遂げたけいは、平出と計画を温めていたナムナニ(七六九四メートル）へ向かうことになる。二年前に挑戦したガウリシャンカールと同じくチベット側のヒマラヤの山だ。そしてナムナニの南東壁もまた、誰も登ったことのない「空白部」として残されていた。

チベット登山協会との交渉の末、けいたちはこの人跡未踏の地にベースキャンプを立てることができた。ベースキャンプでけいは、「意外にスムーズに来ていて、何かこれはいけるかなという感じがしています。まあ、あとは自分たちの力とか、運とか、そういうものでうまく良いラインが引けたらなと思っています」とカメラに向かって言った。

平出が「緊張はしていない？」と聞いた。すると「恐怖とか、そういうものよりは、自分が山とどう対峙できるかということを自分に対して毎晩問いかけています。自分の弱い部分とどう立ち向かっていけるかなってところが、自分にとってはいちばん重要な気がしています」。

そこまでは順調に進んでいた遠征は、しかし、南東壁に取り付いてわずか一日で頓挫することとなった。目的のラインの真上に、いつ崩壊するともわからないセラックが覆いかぶさっていたのだ。七年前のライラ・ピークの時よりもリスクの高いロシアンルーレット。平出は言った。

「いますぐに降りよう」

だが、けいはそれを受け入れることができなかった。二人はセラックの落下ラインからなるべく離れた場所にテントを立て、一晩を明かすことにした。テントの中ではずっと議論が続いた。テントの中、けいはしきりに「自分が甘かった」「自分が弱かった」と言っていたが、平出にはそのコメントが理解できなかった。危険なセラックを前にして、人が「強い」も「弱い」も意味をなさないからだ。

結局、翌日、二人は登攀を諦めて下降した。壁の基部に降り立ったとき、けいはこう言った。

「降りたのはセラックの脅威があるから。リスクはとらないという単純な理由なんだけど、自分としてはスッキリしてなくて……。偵察したとき、お前、それくらいわかってただろって、なんか自分はちょっと読みが甘いなって、そんな感じです」

少しフォローするような意味合いで、平出はこんな言葉を返した。

「まあ、でも想像していた壁よりもずっと難しそうだった。というか不安定で、雪が解けているし、時期を選ぶのも難しかったと思う」

けいは複雑な表情を浮かべ、めずらしく笑顔を見せなかった。

壁の基部からベースキャンプに向かう二人の足取りは重かった。穏やかで快適なベースキャンプにたどり着くとけいは、このように語った。

「大げさに言えば、夢と希望とロマンに導かれてこのナムナニの南面に来て、エネルギーに溢れて自分たちのラインを求めた。偵察もしたし、順化もしたし、いい冒険ができるんじゃないかと思っていた。けれど、一日で降りてきてしまって、ベースキャンプまで戻るまでの足取りは重くて。セラックの脅威は避けられないというシンプルな理由で帰ってきたんだけれど、気持ちとしてはなかなかすっきりしなかった。すごい冒険ができると思って来た自分の読みが甘かったっていうか、自分の無力さっていうか、非力さっていうのを考えていた」

平出には、再三「自分の弱さ」を嘆くけいの気持ちがやはりわからなかった。二年前、ガウリシャンカールで笑いながら撤退した二人の姿は、そこにはなかった。そこまで「同じ判断」「同じ気持ち」で登ってきた二人だったが、ナムナニでは感覚に何か差ができつつあるのを平出は感じていた。

けいは、話を続けた。

「けっこう精神的に糸が切れたような感じだったので、これでベースキャンプに戻ったら納得するかと思ったら、いや、そうじゃないよねって。せっかくここに来たんだから、可能性はまだまだいくらかでもあるよねって。でも残念ながら食料がもうほとんどないので、もう一度登りに行くならいましかない」

語っているうちにポジティブな方向に向かっていくところは、やはりけいらしい。

「ということで、あしたこそベースキャンプを出て、新しい景色を見に、登りに行きたいなと思ってる。感動したい。上に行って、新しい景色とか世界に出会って感動したい」

翌日二人は、あらためてベースキャンプを出発した。狙っていた南東壁は登ることができなかったが、その隣の南壁も未踏だった。そこを二人は、スピーディーに登り続けた。

「サイコーの雪質だね」

「雪質はいいね。シュルント越えもよかったね、問題なくて」

数々の経験をこなしてきた二人に、技術的な問題はまったくなかった。夜はいつもと同じように二人で一つのアルファ米のパックを分け合いながらビバーク。

五日目に南西稜に出ると、素晴らしい景色が広がった。南にはネパールの峻峰が連なり、東にはチベットの名もなき山々。西にはインド・ヒマラヤの峰々が威容を競っていた。その中に、ひときわ目立つ鋭角の山があった。二人が三年前に登ったカメットだった。けいが求めていた「新しい風景」。そこは昔とつながっていた。

南面から頂上を踏むと、聖山カイラスの雄姿が飛び込んできた。チベット仏教の大聖山だ。その隣にはマナサロワール湖。赤茶色のチベットの大地で、その山の白さと湖面の青さが鮮やかだった――。

この翌年、平出が二度挑戦して登れずにいた難峰、カラコルムのシスパーレに二人は向かうことになる。そして、ナムナニと同じ判断を迫られることになるのだった。

自己表現としての登山

日本人クライマーの多くは、「トポ」とも呼ばれるガイドブックを読み込んでいる。そこには先人たちが拓いたルートの難易度や長さなどの詳細が説明されている。より困難なルートを完登し、掲載ページにチェックを入れていくことに充実感を得ているクライマーも多い。

上智大学山岳部出身の恩田真砂美は、そういうタイプのクライマーではなかった。もともと旅が好きで、山登りもその旅の延長線上にあった。「難しいルート」よりも「未知の場所」に行くことを求めていた。

大学卒業後の一九九三年には、米国の極地探検家ウィル・スティーガーの管理するトレーニングエリア「ホームステッド」で犬たちの面倒を見ながら犬ぞりの訓練を行なった。そして翌年は、カナダ北極圏へイリバー〜コパーマイン間一〇〇〇キロを犬ぞりで走破。一九九六年には、ラオス・ビエンチャン〜タイ・バンコク間八〇〇キロを自転車で走った。雪原が果てしなく続く北の大地。蒸し暑い空気が横溢するジャングル。日本とはまったく違う環境に住む人々。多様な自然を旅することで、自分が生きる世界だけが世界ではないということを知ることができた。

一九九九年からは、毎年のように海外登山を繰り返してきた。けいが平出と登ったムスターグ・アタは、彼らよりも前に登頂していた。八〇〇〇メートル峰にも、けいよりも早くに登頂している。また、モンゴル最高峰のフィティン（四三七四メートル）なども登った。

そのような高峰や辺地の山に向かうためには、そこまでのアプローチで何日も旅をすることになる。恩田はそんな、目的地までの長い「旅」の行程が好きだった。逆に旅的な要素のないクライミングにはあまり関心がなかった。だから、けいがヒマラヤの難しい壁を登りはじめたときも、「ヒマラヤの壁を登れるアルパインクライマーが出てきたな」と感じるだけで、けいのクライミング自体に高い関心はなかった。

ところが、けいの登山報告を読むたびに、彼女のことが気になるようになってきた。報告には、人との出会いや風景への感動など、クライミングの難しさ以外のこともよく書かれていたからだ。恩田は記事を読みながら、この人は自分と同じ感覚を持っているのかもしれないと思うようになった。

恩田は、二〇一〇年、日本山岳協会（現、日本山岳・スポーツクライミング協会）が開いたけいの登山報告会に参加し、けいをはじめて見た。人懐こい笑顔で登山でのエピソードを話していた。恩田にとっては、それは忘れることができない衝撃的な報告会だった。登山の内容が、ではない。けいが放つエネルギーそのものが圧倒的だったのだ。彼女の全身からは生命力の光のようなものが溢れ出ているかのようだった。こんな人は見たことがないと思った。恩田には旅を通じて、海外に多くの友人がいた。その全員にけいと会ってもらいたいと思った。きっと友人の誰もが、けいのことに興味を持つだろう。国境を超え、文化を超え、誰をも魅了するような雰囲気をけいはまとっていた。恩田は振り返る。

「うまく説明できないのだけれど、あのときはとにかく、世界と渡り合っていくレベルの人だと思ったんです」

込み合う会場で恩田はけいと話をすることができなかったが、共通の知人がすぐに二人をつなげてくれた。辺地の高峰に向かう恩田のことをけいは以前から知っていたようだ。アドベンチャーレースでは女性だけのチームを作ったけいだが、意外なことに、彼女には女性アルパインクライマーの友人が少なかった。けいも恩田に会ってみたかったにちがいない。報告会からしばらくしたある日、けいは恩田の家に一人で訪ねてきた。

二人は二〇一一年の冬にはじめてロープを組み、北アルプスの錫杖岳前衛壁に向かった。「旅人」の恩田も、冬壁ではほかのクライマーと同じようにトポを読み、先人たちが打ったボルトやハーケンを使いながら既存のコースをたどっていた。それ以外、登る方法がないとも思っていたのだ。だが、けいはそういった既存の残置物にほとんど頼っていなかった。岩肌に張り付いた氷や草付などにスクリューハーケンやイボイボ（凍った草付などによく効くハーケンの一種）、岩の隙間にナッツやカムをセットし確保支点としていた。必然的に、ボルトがある既存のルートとは違うライン取りとなる。

「壁にラインを描く」

そんな言葉をけいはたびたび使っていたが、まさに岩壁という広大なキャンバスに自分のラインを描いているようだった。そういえば、講演会の中でけいはこんなことを語っていた。

「山ヤの中で、積極的に伝えることを実践している人は少ないと思う。言葉で伝えるのが苦手だから、山というキャンバスを相手に自己表現をしているのだと思う。それは、描いたり、創り出したり、奏でたりする表現者と同じことなのではないかなと最近感じている」

その「自己表現」としての登攀は、恩田がそれまで行なっていた悲壮感ただよう冬季登攀とはまったく異なるものだった。恩田にとって、それまで冬の寒さは「敵」でしかなかった。しかし、けいはある意味、その寒さを「味方」にしていた。厳しい寒気は氷を発達させる。氷が厚ければ厚いほどスクリューハーケンはよく効き、しっかりしたプロテクションになる。ボルトを追っていたときは気づかなかったが、厳しい条件は、むしろ登攀の自由度を広げてくれていたのだ。そして、壁の中で常に明るいけいが、その自由な感覚を加速させてくれていた。けいは、たびたび言っていた。

「自分で見て、自分の力で可能なラインを選んで登ること」

そう、定められたコースなどなく、壁は自由に登ればいいのだ。俄然、冬壁が面白くなった恩田は、けいと何度も山に行った。人の存在を拒絶するかのような岩と氷の世界の中、「表現者」であるけいの判断はいつも的確だった。けいが「こうしたほうがいいんじゃない？」と言うことは、大概そのとおりだった。

だからといって恩田の判断を無視するわけではない。たとえば、ある登攀で懸垂下降のバックアップを取ろうとする恩田に、けいは「そうするとロープの回収が大変になるんだよね」と言った。しかし、けいは恩田にそこを任せ、恩田のやり方で下降した。すると、けいが指摘したとおり、たしかにロープの流れが悪くなり、力いっぱい引いてもなかなか降りてこなかった。けいは「だから言ったでしょ。自分で回収しなよ」と言った。無情に聞こえる物言いだが、そのすぐあとで、けいは何事もなかったかのように普段どおりの話し方で接してくるのだった。そこには、いつも温かさと笑いがあった。厳しい言葉もあったが、その数倍の優しさがけいにはあった。だから恩田は、けいの厳しい意見も「ごもっとも」という感じで享受することができた。

恩田は登山の技術本に出てくるセオリーは熟知していたが、けいの判断はときにそれと違う場合があった。自分で考え出したラインを、時間や天候を加味しながら登るという行為は条件のパターンが多く、かつ複雑でマニュアル化ができないからだ。けいの判断は、現場の状況に応じて自在に変わった。そのすべての瞬間において、けいには絶対にミスはしないという覚悟と集中力がみなぎっていた。

恩田は、けいと山に行ったあと、学んだことをメモに必ず書き留め、次の山行でそれらをすべて反映させていた。だから一度けいと一緒に行くと、数年分学んだ、と思えるほど得るものが多かった。

恩田とほぼ同時期に、私もけいからアルパインクライミングの手ほどきを受けていた。たしかにそれは、それまでの自分の登山にはない鮮烈な経験だった。既存のルートがない場所で、自分で安全の確保を施しながら登っていくこと。それは、命に関わる判断を連続的に繰り返していくことだ。恩田が言うように、そこにはマニュアルなどなかった。だから、自らの決断の連続から作り上げたそのラインは、まさにその人の自己表現といえた。

新しい出会い

二〇一二年二月、私はけいからウインター・クライマーズ・ミーティングに参加するようにと誘われた。それは、イギリスで行なわれているウインタークライミングのミーティングに参加した馬目弘仁《まのめひろよし》、横山勝丘が二〇〇八年から国内で始めたものだ。二〇〇九年の冬には、けいと佐藤裕介もイギリスのミーティングに参加している。

二〇一二年は佐藤が世話役になり、栃木県足尾山塊で行なわれることになった。噂では先鋭的なアルパインクライマーの集まりだと聞いていた。本当に参加していいものかと思い、佐藤に電話をかけてみると「モチベーションあるんでしょ。なら一緒に行こうよ」と言われ、彼と私と恩田の三人で一緒の車で行くことになった。現地にはアルパインクライマーとサポーターの三〇人ほどが集まっていた。そして、ガイドブックにあまり載っていない足尾の岩壁群を二日間にわたり登攀した。

そのミーティングのことをけいは、『山と溪谷』二〇一二年四月号にこう記していた。

〈このミーティング参加に必要なのは、ずば抜けた登攀能力ではない。知らなかっただれかと登攀そのものを楽しむこと。(中略)三〇通りの山への想いがあって、三〇通りの登りたいラインがあるからおもしろい。それを共有できるのがこのミーティングなのだ。(中略)人生に正解の道筋がないのと同じように、山で生き残る術と自分にとっての最高のクライミングをする道筋にも正解はなく、だからおもしろくてやめられないんだなーと、あらためて思う。そして日本のアルパインクライマーたちが、こんなふうに意見を交わす場がもてたことがすばらしい。

かつて「生き抜くことは冒険だよ」と言ったクライマーがいた。明日もまた笑って登り続けよう〉（「全国各地からアルパインクライマーが集合。栃木県足尾山塊で第4回WCM開催」）

このミーティングの二カ月後の四月末、けいと私は雪山シーズンの締めくくりに剱岳の剱尾根に向かった。

登攀二日目、ものすごい勢いでフリーソロ（単独）で登ってくる人がいた。そして、ビレイをしながら登っている私たちにすぐに追いついた。彼は年期の入ったウエアと装備で身を固めていて、経験を積み重ねてきたクライマーであることが一目でわかった。

「東北の和田です。けいさんと大石君だよね」

よく見ると、ウインター・クライマーズ・ミーティングで軽くあいさつを交わしていた和田淳二だった。彼はそこまで私たちとは大きく違うラインを登ってきていたが、「こっちがトポに乗っているラインですよ」と言った。私は戸惑いを隠してクールに「自分でラインを考えて登ってきましたから」と答えたが、実際には間違ったラインを登っていたのだった……。

けいは「和田君は独りで剱尾根登るの？　マジで！　すごい！　でも、その装備は少なすぎない？　私たちと一緒に登ってもいいよ」と軽い感じで、いきなり和田をこちらのパーティーに誘った。和田は「できる男」のオーラを醸し出しているクライマーである。フリーソロにこだわるであろうと思いきや、「ほんとにいいんですか。それじゃあ、お願いします！」と言って、私たちとロープを結ぶことになった。

そこからすぐ上の岩場は予想以上に傾斜が強く、すぐにギアを多用する人工登攀になった。少ない装備で来た和田が言った。「やっぱり、僕、独りじゃ、ここは無理でしたね」。けいはすぐに、「でしょ！やっぱり私たちと組んでよかったね！」とうれしそうに応じた。

テントなどの装備を三ノ窓と呼ばれる場所に置いてきた和田は、夕方、私たちと別れ、ものすごい速さでそこに向かって歩いていった。あっという間に和田は小さな点となった。「あの人、体力すごいね」と体力のすごいけいがつぶやいていた。

翌朝、三ノ窓から和田は戻ってきた。普通であれば一時間はかかるところを、一〇分くらいで移動している感じだった。そのスピードに、私はイエティみたいな人だと思った。

剱岳の山頂まで、和田の話を聞きながら登った。和田は山形県で林業を営んでおり、雪の中、チェーンソーなどの機材を背負って歩くことも多いという。どおりで体力があるはずだ。和田からは、アフリカで植林をしていたこともあるとか、東京の都心の高層ビル群でロープにぶら下がり窓拭きをしていたとか、独りで東北の山の岩壁を開拓しているとか、面白い経験談が次から次へと出てきた。少年のような明るい表情と目をしていたが、その話から経験値は高そうで、年齢を聞いてみると、けいより三つ年下の三六歳だった。

剱尾根は雪と岩がミックスしたルートで、確保をするためにロープを出すピッチと、確保なしでスピードを上げて登る場面が交互に出てきた。そのギアチェンジの判断が和田とけいは似ていた。そのせいか、他人とはじめて一緒に登るようなストレスはまったくなかった。

剱岳山頂に着くと、黒部の谷と尾根が春の日差しを受けて眼下に広がっていた。この尾根と谷をつなげて、いつか黒部横断もやってみよう。そんな会話を山頂で交わした。けいも和田も豪快な笑顔を見せていた。三人で記念撮影をすると、和田は「じゃあ、またどこかで」と言って、私たちの下降路とは違う方向にものすごいスピードで下山していった。後で知ったことだが、和田は下山したのではなく、この直後、さらにもう一本登ったのだという。

遠ざかる和田の後ろ姿を見て「なんだかイエティみたいに体力ある人ですね」と私は言った。けいは「だよね……」と答えた。だが、おそらくこのとき、まったく違う感情をけいは和田に抱いていたのだ。

翌二〇一三年冬のシーズンも、私はけいにアルパインクライミングを教えてもらっていた。そしてシーズン最後、四月末の週末に一年前と同じ剱岳に向かった。中腹にあるR4という氷のルートを登る予定だったが、初日は雨のため出発地点の馬場島の駐車場で停滞となった。けいによると、その日、和田も仲間と馬場島から小窓尾根に入山するとのことだった。けいは携帯電話で連絡をとろうとしたが、つながらなかった。どうやら和田たちは雨の中、入山をしているようだった。

翌日は、馬場島から日帰りでR4を登る作戦を私たちは立てた。気合いを入れて臨んだそのアイスクライミングルートは、意外なほどあっさりと登ることができた。あとは登ってきたアプローチの谷を下るだけで今シーズンは終了である。だが、けいは「来シーズンのためにチンネを偵察しに行こう!」と言い、逆に谷を登り出した。チンネとは、三ノ窓近くの稜線上にある岩塔である。さすがにタフだなと思いつつ、私は後に続いた。それにしても、このときのけいの登高スピードは速かった。いや、速すぎた。けいの踏み跡を踏んでいるのに追いつけない。

三ノ窓まで登ると、そこにはいくつかのテントが張られていた。思えば前年、和田はここに泊まっていたのである。けいはなぜか、チンネではなくテントの方ばかり見ていた。そして「和田君いる？」とそれぞれのテントに声をかけ始めた。たしかに小窓尾根から山頂に向かうときはここを通過するのだが、和田がそこにテントを張っているとはかぎらない。やはり、テントの中からは「いや、僕たちは違うパーティーですよ」といった声しか返ってこなかった。

私はチンネの岩壁を観察していたが、気がつくと、けいはもう下りはじめている。再び私は必死に追いかけた。あっという間に馬場島に着き、車で帰ろうとすると、けいは思い立ったように、

「そうだ、あしたはシロエビを富山湾の市場に買いに行こう！」

ご当地グルメにまったく興味のない私は、せっかく早く下山したのだからさっさと家に帰りたいと思った。だが、二冬にわたりアルパインクライミングの技術を教えてもらってきた手前、断ることはできない。やはり、けいは生粋の「旅人」なのだな、とそのときは思っていた。

翌朝は富山湾の市場にもぐり込み、けいの交渉術でシロエビを安く買うことができた。さて、それをどこで食べるのかと思っていると、こんどは、

「そうだ、和田君たちはいまごろ馬場島に降りているころだから、これを一緒に食べ

に行こう！」

富山湾の海辺から、私たちは再び山奥の馬場島まで車を走らせた。運がいいことに、和田と東北の仲間たちは馬場島で帰り支度をしているところだった。シロエビを持って突然現れたけいを見て和田たちは驚いていたが、けいは「下山して、ちょっと時間あったから富山湾まで行ってきたんだー」などと言っている。ちょっとどころか、きのう下山してから二四時間も経っているのだとは、けいが圧倒的な目力《めぢから》でこちらを見てきたので言えなかった。

東北のクライマーたちとそこでシロエビを醤油で食べたのだが、けいは満面の笑みを浮かべてしっかり和田の隣に座っていた。私はそのとき、けいは「旅人」や「クライマー」であるとともに「女性」だったのだと、はじめて気づいたのだった。

「自分に負けたくない」

二〇一三年秋、平出とけいはシスパーレ（七六一一㍍）に向かった。

平出はそれまで過去二回この山にトライし、二度とも七〇〇〇メートルに届かずに敗退していた。けいと組んだ今回は、「三度目の正直」を期していた。

ベースキャンプはハスナバード氷河奥の緑の台地に設営。三五〇〇メートルと標高は低く、山頂まで四〇〇〇メートルも標高差があった。

登りはじめると、気温が高いせいか落石が頻繁に起き、小石がけいの腿にあたった。けいは痛み止めのロキソニンを飲んだ。この時点で、平出は嫌な予感がした。山が「帰れ」と言っているかのようだった。今回もうまくいかないのではないか。下山したほうがいい——。理屈ではなく、そういうマイナスの感覚に陥るときが平出にはこれまでもあった。そういった直感は、時に理屈よりも正しい気が平出はしていた。

標高五〇〇〇メートル付近まで来ると、その予感は現実になった。ナムナニのときと同様だった。またしても、いまにも崩壊しそうなセラックが登攀ラインの上部にあったのだ。先行していた平出はけいのところに戻り、「けいさん、降りよう」と言った。

「降りる?」

けいは、平出の言葉を受け止めてくれなかった。けいを説得するために、平出は近くにテントを立てた。

「ナムナニのときもそうだったけれど、引き際の判断がその数年違ってきていたというのは、実際ありました。それが、シスパーレでは顕著だった。シスパーレまで、けいさんとはいつも二人で未知の山を登っていた。しかし、シスパーレは僕にはすでに二回の経験があった。その時点で、いつもの足並みが揃った遠征とは違って、判断とか感覚にも差が出ていたのかもしれない」

直感を排除し、客観的な視点で見ても頭上のセラックは危険すぎた。ヒマラヤ登山においてはまだスタート地点ともいえる標高五五〇〇メートル付近での敗退となった。安全地帯まで下ったとき、けいはこう語った。「登れないのは、もちろん自然の脅威、セラックとかもあるけど、自分の力が及ばないからかなって、思う」。

「不完全燃焼ですよね?」と平出が言うと、「そうだね。七六〇〇メートルくらいあるのに五六〇〇メートルくらいまでしか行けなかったのは、すごい不甲斐ないなと思って、なかなか降りる決断はできなかった」。

その後ベースキャンプに戻るまで、けいはナムナニのときと同じように「自分自身に負けた」「弱い自分が出てしまった」と何度かつぶやいていた。平出は、こう振り返る。

「あのとき、けいさんもセラックが危険だということはわかっていた。ただ最後に自分自身で判断をしたときに、自分に負けてしまったという気持ちになったのかな、と思います。振り返れば、いつもけいさんは自分に負けたくないっていうことで、山へのモチベーションを保っていたのかもしれません」

結果的にこれが、平出とけいの最後の遠征となった。

はじめてのヒマラヤ登攀となったゴールデン・ピークの前に、けいが書いていた文を再び引用したい。

〈私は、ただ歩いているだけの山から、自然とシビアなものを求めるようになってきた。シビアであるほど自分の姿がよく見えるし、本当にいま必要なものが見えてくる。そこで見えた弱い自分に踏み倒されて終わるのか、それともその腐りかけた自分を乗り越えて強い自分と向き合えるのか。それが大きな別れ道。大地の上で、自分自身との闘い〉（「ADVENTURE REPORTS　読者がつくる冒険記録集」『山と溪谷』二〇〇三年十月号）

けいが挑戦していたのは「山」ではなく、最後まで「自分自身」だったのかもしれない。

帰国すると二人は小金井のアパートに戻ったが、けいはまたすぐ一人で出かけていった。それはいつものことだった。けいは立ち止まることなく次の目標に向かって走り続けていた。

「けいさんはいつも、きっちりしすぎてました。濃厚な人生を歩んでいたからこそ、いつ死んでもいいように、やりたいことをいますぐやるという人生で、生活にもそれが表れている感じでした。のほほんとした時間がある人だったら、あれをやっておけばよかった、これをやっておけばよかったと思うんでしょうけど、けいさんはそういう無駄な時間を作らない、濃密な生活を過ごしていました。普通の生活でも一瞬、一瞬を大切にしている感じで、そういうのを貫いた人生でした。近くにいたけれど、ある意味、憧れの存在だった。生き方に憧れていた」

ICI石井スポーツを拠点に毎年遠征を繰り返していた平出は、二〇一四年から山岳カメラマンとしての活動を本格的に開始する。その背中を押してくれたのは、やはり、けいだったという。

「やりたいことがあるなら、会社を辞めてやればいいじゃないの」

けいのその一言がきっかけで、平出は次の一歩を踏み出すことができた。ICI石井スポーツからも理解を得て、カメラマンとしても独立した平出は、大手テレビ局の山の番組の撮影をすることとなり、幸先のいいスタートを切ることができた。

一方「旅人」のけいには所属する会社はなく、はじめから独立独歩だった。国内外の山旅を手がけるアルパインツアーサービス株式会社のツアーリーダーとして、企業研修のプログラムを進行する株式会社ＩＷＮＣのファシリテーター（企画・進行役）として、さらに自身の講演会、そして岩壁登攀、アドベンチャーレースと活動の場を臨機応変に変えて「旅」を続けていた。そして、どこの場にいてもけいはパワフルで、笑顔を絶やさなかった。

そんな自由人のけいだったが、シスパーレ遠征後の二〇一三年冬、四一歳のときからひとつの肩書きを持つこととなる。環境に配慮したアウトドアウエアを作ることで知られるパタゴニアのアンバサダーだ。アンバサダーとは「大使、使節」という意味を持つ。製品の開発アドバイスだけでなく、自分が打ち込むアクティビティーへの思いと、環境問題のメッセージを社会に伝えていく役割を担っている。

パタゴニアは一九九三年に使用済みペットボトルをリサイクルして作ったフリースを開発。一九九六年にはすべてのコットン製品をオーガニックコットンに切り替えている。いまでこそオーガニックという言葉は浸透しているが、二〇年前の当時は消費者にとってまったくなじみのないものだった。また一九八五年から売り上げの一パーセントを環境保護活動に寄付していたが、その取り組みを他社にも推し進めるため、二〇〇二年、創設者のイヴォン・シュイナードは「１％フォー・ザ・プラネット」という企業同盟をブルー・リボン・フライズ社のクレイグ・マシューズとともに立ち上げた。参加企業は一〇〇〇社を超え、二〇一八年までに一億七五〇〇万ドルを環境保護活動に寄付している。

パタゴニアは自らの存在意義についてウェブサイトで語っているが、その中にはこんな言葉がある。

〈パタゴニアで働く私たちの心にある、手つかずの自然が残る美しい土地に対する情熱。それはまた、野生地域を保護する情熱と直結しています〉

アウトドアメーカーからのサポートを断り続けてきたけいがパタゴニアのアンバサダーになったのは、パタゴニアの環境保護意識に惹かれた部分が大きかったようだ。

二〇一四年三月、パタゴニアは「Alpine Press Event」という企画をフランスのアルプス山麓の街シャモニで開催した。七カ国一二名の山岳雑誌のライター、編集者をこのイベントに招待。彼らを七名のアンバサダーがガイドし、シャモニのシャレー(宿)をベースに三泊四日の日程で氷河を歩き、岩壁の登攀を行なうというものだった。このイベントにガイドとして参加することが決まっていたけいが推薦してくれた山岳ライターが、私と森山憲一だった。

私とけいはイベント前にシャモニ入りし、事前に二本のルートを登攀する計画を立てていた。一本目はモンブラン・ドュ・タキュール東壁のグロット・ガバルー・アルビノーニ。二本目は、同壁のスーパークーロワール・ダイレクト。ここで私は、アルパインクライマーとしてのけいの力をまざまざと見せつけられた。

モンブラン・ドュ・タキュール東壁は日本にはない長大な壁で、一本目を登り終えるとかなりの消耗感があった。翌日、重い体を引きずりながら二本目を登り続けたが、終了点付近で日没となり、そこでビバークになってしまった。二人がやっと腰をかけられる岩棚があったが、その下は数百メートル続く断崖絶壁だった。けいはそこでのビバークすら楽しんでいる感じだった。その後、彼女がパタゴニアのブログに書いた感想はこうだった。

〈夕焼けに染まる針峰群を眼下に望みながら、寒くて狭い、でもなんだか山小屋よりもしっくりとくるビバークの一夜をすごす。翌朝、地球の色が再び生まれるドラマを感動とともに満喫したのは言うまでもない〉

だが、けいと違って私にとっては極限の一夜だった。その私に、山の神はさらなる試練を与えた。翌朝、下降を始めた直後、突然、顔に強い衝撃を受けて私はロープにぶら下がった。みるみるうちに目の前の雪面が赤く染まっていく。頬から血が出ていた。音もなく落ちてきた氷が顔を直撃したのだ。その後、けいは私の荷物を担ぎ、下降に必要な煩雑なロープワークをすべてこなしてくれた。

後述するが、けいが亡くなったあと、私は彼女と国内での登攀を重ねていた鈴木啓紀とロープを結ぶようになった。彼は何度も「どんな壁でも確実に下降できなくてはいけない。それは登ることよりも重要だ」と言っていた。そのたびにいつも思い出していたのが、あのときのけいの姿だった。けいは落ち着いていて、一度もロープをスタックさせることなく私を壁の基部まで降ろしてくれた。雪を平らに踏み固めたけいは私をそこに座らせると、専門医が使うような特殊な絆創膏をザックから出して貼ってくれた。

「これを貼れば、帰国までに完全に治っているよ」

なんだか妙に元気で、応急手当てをするのを楽しんでいるような雰囲気だった。

そこから私たちはシャモニまで約二〇キロをスキーで下る計画になっていた。出血のせいで朦朧としていた私だけでなく、そこからはけいも大変そうだった。ボーゲンが多くなり、その滑りからは緊張感がひしひしと伝わってきた。以前、スキーでけがをしたトラウマが残っているのかもしれなかった。だが、このスキー滑降の計画を立てたのは、私ではなくけいのほうだったのだ。思い返せば、往きの飛行機の中でも、登攀のことよりもスキーのことについて、けいはしきりと話をしていた。けいはスキー技術を習得しようと必死になっていた。

ゆっくりと滑るけいの背後には、雄大な岩壁群がそびえていた。その風景とけいを撮りたくてカメラを向けると、けいはストックを持った手を大げさに挙げてポーズをとった。壮大な背景とスキーの板を履いた小さなけいの姿が印象的だった。

スキーでシャモニまで降りると、私たちはその足で各国のライターとパタゴニアのアンバサダーたちが集う宿に向かった。コテージに集ったアンバサダーたちには強いオーラがあり、私は気軽に話しかけることができなかった。しかし、けいは彼らと対等に接していた。森山憲一が撮影したアンバサダーたちのポートレートは、まるで映画のワンシーンのような作品になり、その後『ROCK & SNOW』64号に掲載された(「meeting with top alpinists」)。

二〇〇〇年代、世界のアルパインクライミング界を牽引した、パタゴニアの「顔」ともいえる存在のスティーブ・ハウスもこのイベントに参加していた。彼は二〇〇五年にナンガ・パルバットのルパール壁を完登し、ピオレドール賞を受賞。その後も世界最難クラスのマカルー西壁などにトライをしていた。

翌日、参加者はアルパインルートを登ることになっていたが、スティーブがパートナーに選んだのがけいだった。その流れで私も彼らのパーティーに加わることになった。

三人で向かったルートは、その冬エギーユ・デュ・ミディで初登されたばかりの難ルートだった。夏のフリークライミングで登るような傾斜の強い花崗岩のクラックを、冬の寒気のなか、三八四二メートルの頂上を目指してアイゼンとアックスで登った。けいとスティーブは見事なパートナーシップでロープを延ばしていった。私は最後尾で引き上げられるようにして登ることしかできなかった。スッパリ切れ落ちた足下には、小さくシャモニの街が見えた。

「まったく、これがイベントでやる内容か！」

一人つぶやきながらオーバーハングした核心を越えて岩棚に着くと、二人はまるでカフェにいるかのようにリラックスした顔で談笑していた。

その光景を見て、けいはまさに「世界レベル」の人だと私は痛感していた――。

二年後の二〇一五年の冬、パタゴニアのカタログの表紙には、スキーを担いだスティーブ・ハウスがパセール・ウィルダネスの断崖絶壁の頂に立つ写真が使われていた。その山の麓では、大規模スキーリゾートの開発が予定されていた。リフトやゴンドラがなくとも自然を楽しめることを、彼はそのスキー登山後から主張しはじめるようになる。

彼の写真を眺めながら、私はけいのことを考えずにはいられなかった。その冬、けいもまたスティーブと同じように、断崖絶壁を持つ黒岳にスキーを担いで立っていたのだ。だが、けいはその山から戻ることはなかった……。

その年からパタゴニア日本支社は、長崎県の石木ダム建築反対運動に携わりはじめる。二〇一八年の夏にはドキュメンタリー映画『ほたるの川のまもりびと』を上映し、多くの人にその地域の自然と文化の重要性を訴えかけた。スクリーンには、水田に囲まれた村で活き活きと生活する人々の姿が映し出されていた。

もし、けいが生きていれば、この地を旅し、ダム建設に反対していただろう。スティーブが、いまも環境保護のメッセージを発し続けているように。あるいは再び彼と組んで、国際的な環境保護活動という「壁」でロープを結び合っていたかもしれない。シャモニのときのように私は、また二人の後ろ姿を追いかけてみたかった。だが、その機会は永遠に失われてしまった。

第10章

新たなる旅

氷河と本と音楽と

シャモニでのイベントのわずか二カ月後の二〇一四年五月、谷口けいは和田淳二とデナリのルース氷河にある岩壁でアルパインクライミングを楽しんでいた。

和田にとっては、初の海外でのアルパインクライミングだった。たまたま剱岳で出会ったけいと、まさかアラスカまで来るとは思いもよらないことだった。まして、この遠征で国際的な山岳賞をもらうことになろうとは想像すらしていなかった——。

けいと剱岳の馬場島でシロエビを一緒に食べた翌月、けいはいきなり山形に遊びにきた。普段は林業を仕事としている和田だが、その日はいつもと違い、同僚たちとサクランボの収穫をやる予定になっていた。そのことを話すと、「なにそれ！　私もやってみたい！」と活き活きした目で和田を見つめてきた。和田は、ただでさえ大変な仕事なのに面倒くさいことがひとつ増えたな、と思った。

けいはボランティアで和田の手伝いをするはずだった。そこにいた果樹園のオーナーも、東京から来た女の子が観光の延長でサクランボを見に来たと思ったはずである。だがけいは、慣れた手さばきで次々とサクランボを収穫していった。うれしそうに働く姿に感動したのか、オーナーは持ち帰れないほどのサクランボをけいに持たせたうえ、アルバイト代まで渡していた。和田は、オーナーと付き合いがある自分よりもけいのほうが待遇が良いように見え、いきなり男性だけの職場に溶け込んでしまった姿に、「けいさんって、朝ドラの主人公みたいだな」とも思った。

その後もけいは、毎月のように遊びにきては山菜取り、たけのこ掘り、キノコ狩り、芋煮会とさまざまなことに興じた。和田の林業の職場に来て、木の伐採作業を見学していたこともあった。けいが来る前はいつも、まず自分の日程を提示してきて「そこに合わせなさい！」といった雰囲気だった。和田は、自分は振り回されているなあと感じていたが、いつしか振り回されていることを楽しんでいる自分がいた。

東北の山には名渓が多い。沢登りの経験が乏しかったけいに、和田は沢登りを教えた。突然、沢登りの道具を揃えはじめたけいを東京のクライマーたちは不思議に思っていたが、すべては和田の影響だった。

一九七五年生まれの和田は、登山雑誌に出ることは少なかったが、登山の多くの分野を高いレベルでこなす「知る人ぞ知る」クライマーだった。生まれ育ったのは埼玉だが、親に連れられて幼少のころから信州の山々で登山やスキーに親しんでいた。剱岳には一二歳のときに登頂している。高校では迷わず山岳部に入部。山好きが嵩じて、大学は山形大学農学部生物環境科を選んだ。同大の「自然に親しむ会」に所属し、朝日連峰、飯豊連峰など近くの山域から北アルプスなどの高山まで各地の山々を登った。

大学を卒業してから数年間は夏は山小屋で働き、冬はスキー場のアルバイトなどをしていた。二〇〇五年に山形で林業を始めてからは、ウイークデーも週末も山で動く日々となった。林業という日常的な「トレーニング」で鍛えた和田は、二〇一四年までに東北最大級の岩壁、黒伏山南壁に四本の新ルートを開拓していた。

そのように和田の生活は東北の山をベースにして成り立っていたが、その活動は日本にとどまらなかった。〇七年一月から二年間、海外青年協力隊でアフリカのセネガルで植林に従事している。登山でもネパールに五回も赴き、トレッキングピークを一般ルートから登っていた。ただ、海外の山の岩壁に向かうことには別次元の難しさを感じていた。いつかは行きたいという憧れはあったが、どの山のどこを登ればいいのか見当さえつかなかった。

その和田にけいいは、一緒にデナリ・ルース氷河の未踏壁を登ることを提案してきた。

「氷河の上で毎日自炊するのは絶対楽しいよ！」と、けいはベースキャンプ生活のことを強調した。壁の登攀については、軽いノリで「行けるところまで行けばいいよ！」という感じだった。和田は振り返る。

「もしもけいさん以外の人と海外の壁を登攀することになっていたら、肩に力が入っていたと思う。でも、けいさんとだったせいか、緊張感はまるでなかった」

アラスカに着いてからも、けいは登攀の準備より、ベースキャンプで作る料理の具材選びに余念がなかった。計画も悠長そのもので、そもそも登る壁すらもまだ具体的に決めていなかったのだ。けいは地図を眺めながら「ここは登れるんじゃないかな」などとつぶやいていたが、彼女の勘で二人はルース氷河の最上部にセスナで入山。氷河に降り立ち、岩と雪の巨壁を観察したけいの「やっぱり行けそうだ！」の一言で壁に取り付いた。楽観的な彼女の雰囲気につられたのか、和田も壁から威圧感は覚えなかった。そして、二人はダンベアード南壁の未踏ラインを七時間で登ってしまった。和田が感じたのは、達成感ではなく「これは意外に楽しいぞ」ということだった。そして、この調子ならまだまだ登れるぞとも思った。

次の壁にトライするまで、二人はベースキャンプで音楽を聴きながらのんびりと過ごした。和田がクラシックが好きなことを知っていたけいは、名曲の数々を音楽プレイヤーに入れてきてくれていた。音楽を聴きながら、一本目に登ったラインを〈プレリュード〉（前奏曲）にしようと二人は決めた。

本は、お互い何冊も持ってきていた。和田も山を登るのと同じくらい読書が好きだった。偶然にも夏目漱石の『草枕』を二人とも持ってきたときは笑ってしまった。二人は氷河の上で、本の感想を語った。登場人物の誰が好きとか、あのシーンであの言い方はないだろう、というようなことをのんびりと話していた。そして工夫を凝らして料理を作った。多くは日本食で、チラシ寿司だったこともあった。

天気と氷雪の状態が良くなると、壁を登りにいった。五月のアラスカは白夜に近い。それを活かし、日付が変わるころまで登り続けることもあった。紫に暮れゆく夕暮れは、闇にならないまま朝焼けへと変わっていった。それはあまりに美しく、静かなアラスカの空の奏でだった。

二人は合計で四本のルートを開拓したが、二本目以降のルートもクラシック音楽にあやかり、〈コンチェルト〉（協奏曲）〈ノクターン〉（夜想曲）〈ソナチネ〉（奏鳴曲）と名づけていった。

音楽と読書、そして登攀の氷河生活は三八日間に及んだ。けいはこの日々を、こう書いている。

〈なによりも贅沢だったのは、多くの人が集うアラスカの地で、この間、まったく他人に会わなかったことかもしれない。そのことは、自分とパートナーと自然（山も空も大地も）とが純粋に向き合うことのできる環境を作り出してくれたのだと思うのだ。だから、より雑音なく、自分たちのラインに向かえたし、美しくも厳しい自然の姿を受け止めることができた気がする〉（「暮れないアラスカの空の調べ」『ROCK & SNOW』65号）

誰にも会わずに自分たちだけで新ルートを探り、力量に応じたラインを複数のピークに描いたことが高い評価を受け、二人の記録は二〇一四年の「ピオレドール・アジア」に輝いた。この賞は、フランスの「本家」ピオレドールと違って「アジア」のクライマーに限定されたものだが、けいはこれで「本家」と「アジア」のダブル受賞となった。

学生とムスタンへ

アラスカから帰ったら、東京を離れ、自然の中で田舎暮らしをしようとけいは決めていた。自然の中で暮らすことは大学のころからの夢だった。

けいの友人で、パタゴニアのアンバサダーの今井健司、横山勝丘、加藤直之はすでに八ヶ岳南麓の北杜市で田舎暮らしを始めていた。彼らと同じ森にけいは家を探し、小さな木造家屋を見つけた。しかしアラスカから帰国後、すぐに引っ越しはできなかった。その夏、女子学生たちとムスタンの未踏峰に行くことが突如決まったからだ。

アラスカから帰国してわずか二日後のことだった。日本山岳会の会議室に行ってみると、以前、文科省立山登山研修所で登山技術を教えた女子大生四人がいた。

「あれー、知った顔がいるなあ」

けいが気軽に声をかけると、彼女たちは切実な顔で相談を持ちかけてきた。

それぞれ別の大学山岳部に所属している彼女たちは、「女子だけで海外登山がしたい」と意欲に燃えていた。メンバーの一人である創価大学四年生で山岳部の元主将の長谷川恵理は日本の山で一通り登山技術を学び、それを後輩に伝えることができて、「次は海外だ！」と思っていたのだった。日本山岳会から情報提供を受け、ムスタンのマンセイル（六二四二メートル）という未踏峰に目標を定めた。とはいえ長谷川は普通の旅行でも海外に出たことはなかった。ほかの三人も海外登山の経験はゼロ。遠征の「いろは」も知らない彼女たちは、何から準備を始めていいのかもわからず、計画は出発前から頓挫しかけていた。偶然にもけいと再会した彼女たちは、何か良いアドバイスをもらえればと思って相談したのだった。

けいの反応は思いがけないものだった。手帳を開くと「あっ、行けるかもしれない。あいてる、あいてる」とつぶやきながら何やら書き込み、顔を上げると、

「わかりました。一緒に行きますから」

長谷川たちは「ええー！　行ってくれるの？　でもそんなに簡単に決まっちゃうんですか？」と唖然とするばかりだったが、けいは本気だった。けいは、パタゴニアのブログにこう書いている。

〈それは面白い！　開放されたばかりのピークならば、他の遠征隊に登られてしまう前に登りに行こう。早い者勝ち、登ったもん勝ち、である。私自身、ムスタンを訪れたことがなく、一九九一年に開放されるまでムスタン王国として外国人入域が禁止されていたという魅惑の地であった〉

そして、二〇一四年夏、四二歳のけいと二〇代前半の学生たちはネパールのムスタンへ旅立ったのである。

ムスタンは交通機関が発達しておらず、目的の山にたどり着くまで一〇日以上も村から村へのトレッキングが必要だった。学生四人は、事前の合同トレーニングをほと

んど行なっていなかった。だからこの遠征が始まったころは、お互いに言いたいことが言えずに遠慮しあってしまうこともたびたびあった。それを察してか、けいは「チームがひとつじゃないということは、山では命に関わることだから。まとまってないと、無事に降りてこれないよ」。

そんなことを言って、チームの輪をつくりはじめた。

折にふれてけいは、自分が村で見てきたことをメンバーに話し、場を和ませてくれた。ある朝食のとき、けいはこう言った。「こっちの学生は、みんなで一斉に走って登校しているんだよ」。

毎朝、けいは早起きして一人で村の人々を観察していたのだ。そんな好奇心に溢れたけいは、逆に人からも興味を持たれ、自然と村人たちはけいのまわりに集まってきた。ある村でけいは「あなたは日本人ですか？」と少女に突然、日本語で尋ねられたそうだ。少女は本だけで日本語を勉強していて、単語をつなげて必死に会話しようとしていたという。

けいは長谷川たちを連れて、その少女に再び会いに行った。家の近くの畑で仕事をしていた少女は長谷川たちを家の中に招き、お茶を出してくれた。中国語のパッケージから出されたお茶を淹れてくれたのを見て、けいは「このお茶は、普通、ムスタンでは売っていないものだよ。貴重なものを出してくれたんだよ」と、一口一口を味わっていた。少女の日本語はたどたどしかったが、けいはにこやかに頷き、少女の気持ちを読み取ろうとしていた。長谷川は、そのとき少女が何を語っていたのか覚えていない。「あのときはムスタンまで来たのに、異文化に興味が薄かったんだと思います」と長谷川は振り返る。

そんな長谷川たちに、けいはこう言ったという。

「もっと、もっと、いろんなことに興味を持って見ないともったいないよ」

長谷川たちはヒマラヤの未知の山頂を踏むことに心を奪われていた。だが、よくまわりを見ると、村々にもすでに「未知」の世界は広がっていたのだ。

山麓では高山病にならなかった長谷川だったが、ベースキャンプから始まる氷河に上がると急に調子が悪くなってきた。キャンプ2で長谷川たちが猛烈な吐き気で苦しんでいるとき、けいはまったく普段と変わらない明るさで、「私、ちょっと偵察に行ってくるから、あなたたちはお茶をいっぱい飲んでてね」と言い、アックスを二本摑むと上部へさっそうと登っていった。そしてすぐに視界から消えた。

「あのとき、タッ、タッ、タッ、って一人で登っていった姿を見て、ああ、すごいなって私たちは思ってました。けいさんはテントに戻ると、山頂見えたよ！　ほら、写真！と言ってデジカメの液晶画面を見せてくれました。私たちは、なんでこんなにエスコートされているんだって思って……」

翌日のアタックは、予想以上の困難が待ち構えていた。いつの間にか降り積もった雪で、頂上岩壁は岩と雪のミックス壁になっていた。持参した多種のクライミングギアをすべて駆使して何とか突破して登頂はできたものの、下山中はまたも降雪に。そしてあっという間にホワイトアウトになってしまった。

「これは無事に帰れるのか……」

長谷川たちは途方に暮れたが、けいは落ち着いた顔をしている。やはり百戦練磨のアルパインクライマーは違う。そう思っていたものの、けいから出た言葉は「うーん、全然わかんないねー」。呆然とする長谷川たちに、けいは明るく言った。

「よし、GPS見よう」

「……！　GPS持ってたんですか？」

本能と野生の勘で村でも山でも活動していたけいが、奥の手にGPSというデジタル機器を持っていたのは意外だった。学生たちと登るということで、普段以上にリスク管理をしていたのかもしれない。そうやって彼女たちは、無事にベースキャンプに降りてきた。

帰国後、支援してくれた人々が集まって彼女たちを祝福するなかで、けいはこんなふうに明るく語っていた。

「今回は自分にとってもチャレンジだった。知らない世界に一歩踏み出してみたいという学生たちの気持ちを、どのようにサポートするか。それが私の挑戦だった」

「自分とは何か」。そんな問いを懐に忍ばせながら、アメリカ留学を皮切りに全力で旅を続けてきたけい。だが二五年という月日が流れ、そのエネルギーのベクトルは、自分の内面だけでなく、他者をサポートすることにも向けられはじめていた。学生だけでなく、恩田真砂美と国内の山を登っていたことも、おそらくその表れだったのだろう。けいは、寺沢玲子に恩田のことを「センスのいい人がいるんだ。アルパインクライマーとして一緒に成長していきたい」と話していたという。またけいは、こんな気持ちをまわりの人たちに話していた。

「人生八〇年だとしたら、四〇歳が半分。それなら折り返し地点までは吸収する年月にして、四〇歳からは発信とか還元に使おうと思ったんです」

また、帰国後の朝日新聞のインタビュー記事（二〇一四年十二月二日朝刊）の中では、このようにも語っていた。

「人生は新しい自分を発見する旅だと思っています。四〇歳を過ぎても、強い自分、弱い自分が見つかる」

けいは吸収した経験を還元しようとしていた。そんな、新しい自分になることを恐れていなかった。「旅」は、これまでとは違う段階に差しかかっていたのかもしれない。

長谷川恵理はムスタンに一緒に登ってくれたけいに感謝をしながらも、学生だけでは登れなかったという事実に悔しさも感じていた。自分たちの反省点や課題を挙げればきりがなかった。そんな長谷川にけいはこう言った。

「課題は常に残るものだから。私も何度遠征に出ても、いつも課題は残ってしまう」

それを聞いて長谷川は、この課題は必ず次につなげなくてはと思った。その半年後、長谷川は大学を卒業し、東京の建設機械のレンタル会社で新社会人として働きはじめた。次はけいがいなくても海外の山に行けるよう、週末は山に通っている。「なので金曜日の仕事中は、いつもそわそわしていますよ」と長谷川は言った。

あのムスタン遠征で、何か自分の中で変わったことがあるか。私がそう尋ねると、長谷川は「それはもう。人生観が変わるぐらいの遠征でした」と、はっきりとした口調で答えた。

「あの遠征の前まで、私は人に全然興味がなかったんですよ。人だけでなく、物事に興味が薄かった。でも、行って帰ってきてから、何事も不思議に思わなきゃもったいないみたいに思うようになって。けいさんに感化されたんでしょうね。けいさんは、常に人や物に好奇心を持っていた」

さらに、明るく弾むような声でこうも語った。

「年上の方とでも臆することなく話せるようにもなりました。目上の人とか肩書きなんて全然関係ないよな、相手も人間だし、と思うんです。けいさんはその人のありのままを見て、好奇心を持って接していた。そのことに影響を受けたのだと思います」

ムスタンでけいは、未踏峰に登頂することだけでなく、その道程で若者たちに地球に生きる一個人としての大切な何かを伝えようとしていた。その何かは確実に、長谷川の中で生きている。

「植村直己冒険賞」辞退

このムスタン遠征とは別に、新たな「旅」の段階に向かって走りはじめたであろうと思わせる、けいのもうひとつのエピソードがある。

ムスタン遠征前に、けいは伏見と体力トレーニングを行なっていた。長野の山で一日みっちりと走った翌日は低山をゆっくりと歩いた。過酷なアルパインクライミングやアドベンチャーレースを行なう一方で、ハイキングが好きなのもけいの不思議なところだった。

ゆるい坂道の森を歩いていると、桂（かつら）の大木があった。堅く強そうな樹幹から無数の枝が夏の青空に向かって伸び、ハート型の葉がそよ風に揺れていた。それを見ながらけいが、唐突に言った。

「私の名前の桂という漢字は、この木からきたんだよ」

伏見には意味がわからなかった。「けい」という名前は、ひらがなで書くものとばかり思っていたからだ。アドベンチャーレースの名簿は常にひらがなで書かれていたし、雑誌や新聞に掲載される名も「けい」だった。送られてきたはがきにもそう書かれていたはずだ。だが突然あっけらかんと、「けい」は「桂」なんだよと説明してきたのだ。

「えー、ほんとに？　けいってひらがなじゃなかったの？」

けいの没後、日本山岳会の会報『山』８４９号は、けいの本名についてこう触れていた。

〈中国において桂は、「月の中にある理想」を表す樹木とされ、それは常に前向きであった谷口の人生そのものだ〉

桂の巨木を前に、伏見も名前の由来をけいから聞いたような気もする。だが伏見は、「けい」が「桂」であったということがただただ驚きで、そのときけいが何を語っていたのか、具体的に思い出すことはできなかった。もちろん伏見だけでなく、ほとんどの山仲間もけいが「桂」であることを知らなかった。一方、高校以前の仲間にとっては彼女はもともと「桂」だった。

「桂」は、親元を離れてアメリカに向かったときから「けい」になったのではないかと私は思う。新しい自分を発見するために、「桂」は「けい」となって旅を続けてきた。

動けずにいた「桂」。動きはじめた「けい」。

「二人」の間には、深い断絶があった。留学前の友人と会い、そして留学後の友人と会い、彼らの話を比べるうちに、その断絶感はどんどん深くなっていった。「静」と「動」。「影」と「光」。そんな真逆の隔たりがあった。

しかし、伏見と巨木の前に立ったとき、彼女の中で「桂」と「けい」は融合していたのかもしれない。アメリカに旅立ってから二五年という月日が経ち、動けずにいた自分を完全に払拭したということなのだろうか。いや、そうではないのかもしれない。かつての自分を受容し、前に動き続けることができるようになった。だからけいは、伏見に「桂」だと語ることができたのではないだろうか。

アメリカから始まったけいの旅は、すべてを肯定して新たな局面に向かおうとしていたのだろう。

そんな変化を寺沢玲子も見ていた。伏見に「桂」だと語ったときと同じころ、寺沢の家に古いVHSのビデオテープをけいが持ってきた。機材のある寺沢の家で、それをDVDにダビングしようとしたのだ。

そこには、アメリカ留学時の卒業式の動画が収められていた。アメリカ人が卒業式で着る伝統的なガウンを着た一八歳のけいがいた。卒業祝いでもらったプレゼントの包装紙を、アメリカ人と同じようにびりびりと豪快に破って箱を開けているシーンもあった。

幼い顔に長い髪のけいがいて、寺沢は「へえ、こんなかわいいときもあったんだ」と言って茶化した。しかし、けいから出た言葉は意外なものだった。けいは画像を見ながら、しんみりとこんなふうに語ったという。

「あのころは、お父さんやお兄さんに敷かれたレールの上を行くのが嫌だった。それで、親に反抗する思いもあり、パーンと飛び出してアメリカに行ってしまった。でも、自分が子どもを持ってもおかしくないような年になると、あのときの自分は親に対してなんということをしたんだろう……と、これを見るたんびに心が痛むんですよ。ときどき見て反省するために、DVDにしておくんだ」

けいには言わなかったが、彼女の変化が寺沢はうれしかった。はじめて見たときに感じたけいの「空洞」は埋まりつつあったのかもしれない。


東京を離れ、八ヶ岳南麓の森で田舎暮らしを始めたのも、けいの変化の表れともいえた。だが、寺沢はこれには反対した。もちろん、自然の中で生活したいという気持ちは理解できたが、平出和也と離れてしまうことが寺沢はとても心配だったのだ。けいは、平出というパートナーがいるからこそ気を張り、エネルギーに溢れているのだ。平出は「きっちりしすぎている」と言うが、寺沢の前では、けいはいつものんびりとしていてルーズなところも多かった。

たとえば、長期のツアーガイドの仕事が終わると空港から寺沢の家に直行し、寺沢に洗濯をさせることもあった。洗ってあげても、お礼どころか「まだ臭い。洗い方が悪い」などと言う彼女は、まさに「里帰りにきた娘」状態だった。だらだらしながら「寺沢さんは片付け方が下手だ」と言うけいに、「でも、けいちゃんだって食器を片付けてないよね」などと、親子でもしないような言い合いをすることもたびたびだったという。

けいは、ピオレドール賞などを受賞したことで増えた知人やツアー客の一人ひとりを大切にしていた。それだけでなく、亡くなった仲間のことも忘れず、墓参りや残された家族に会いに出かけていた。他者に必要以上の気遣いをしていることを寺沢は知っていた。だから、その優しさの反動が自分のところにきても、まさに親のように受け止めてあげたいと思っていた。

そしてけいは、平出の前でさえも、彼を元気に支える「しっかり者」として振る舞っていたにちがいなかった。けいは平出というパートナーがいるからこそ、エネルギーに溢れた姿でいられるのだ。平出と離れてしまったら、糸が切れた凧のようになってしまうのではないだろうか。それが寺沢の正直な気持ちだった。

内心では一人暮らしに反対しながらも、しかし結局、けいに促されるままに寺沢は引っ越しの手伝いをしに北杜まで行ったのだった。

寺沢と違って北杜への引っ越しを悲観的に考えた人は少なかった。さっそく遊びに行った伏見は、むしろけいがより自分の世界を拡張させようとしているように感じていた。北杜で伏見は、世間に知らざれるこんな出来事に遭遇していたからだ。

伏見が山仲間二人とともに、けいの家に遊びに行ったのは二〇一五年の二月。冬枯れの森の背後には、八ヶ岳の主峰である赤岳がそびえていた。けいの家はこぢんまりした木造二階建てで、小さなリビングは薪ストーブで暖められていた。けいは、そこで沸かしたお茶を出してくれた。ガスコンロはあったが、けいはほとんど薪ストーブだけで料理をしていると言っていた。お茶を片手に二階に上がると、窓からは雪を抱いた南アルプスの北岳が遠望できた。

けいと伏見たちはその日、八ヶ岳山麓の小ピークである天女山にトレーニングで走って登るつもりでいた。出発前に、けいが携帯電話を確認すると履歴に不在着信があった。植村直己冒険館の館長からだった。電話をかけてみると、会って話したいことがあり、すでにけいの自宅に向かって車を走らせているという。

そこで待っていればよかったのだが、けいが「館長が来る前に、天女山に登ろう！」と言い出したために、かなり速いペースで走った。山から下りると、館長はもう北杜に到着していた。伏見たちは自分のことはいいから館長と二人で話をするようにと促したが、けいは一緒に話を聞いてくれと言う。そこで皆でレストランへ向かった。

「植村直己冒険賞をもらってほしい」

そう館長は切り出してきた。それまでにも打診をしていたが、けいにはやんわりと断られていたのだという。館長は「せっかくなので、受賞してもらえたら」とけいにお願いをしていた。「女性でこれだけ頑張っている人はいないのだから、ぜひもらってほしい」とも言った。伏見が口を出さずに聞いていると、けいは「女性で頑張っているから」という理由ではもらえないと説明を始めた。

「自分の中で、これをやり切りましたというものがあるわけではない。私は旅の途中なんです。そんなときに、こんなに尊敬する植村直己さんの賞をもらうことはできない。いまは、まだもらえる段階じゃないんです」

そんな説明をけいは繰り返していた。折り合いはつかず、館長は「もう一度考えてもらえませんか」と言い残して帰っていった。

毎年二月、植村直己冒険賞の受賞者の名前はテレビや新聞で広く報じられる。だが二〇一五年は、ネットニュースにこんな一文が小さく出ただけだった。

「植村直己冒険賞：受賞者なし　候補の女性冒険家が辞退」

この「女性冒険家」がけいだったとは、世間に知られることはなかった。

あの日、館長が帰ると、けいは遠くを見るような目で伏見にこう語った。

「もしも植村直己冒険賞をもらえることになったとしても、いまではない。それをもらうに値するようなことをやっていない。それに、まだまだこれからやっていきたいことがある」

しかし、けいのそれまでの実績は、当然、植村直己冒険賞をもらう価値のあるレベルの高いものだ。それでもまだ満足感はなかったのだろうか。そんな私の疑問に伏見はこう答えた。

「けいさんは、それまでの一つひとつの登山を軽視しているわけではなかったし、賞なんていらないという意味で断ったんじゃないと思います。けいさんの中にはまだまだいろんな計画が盛りだくさんあって、それらをやり切ったわけではなかった。ひとつの遠征とかではなくて、大きい人生の中でやりたいことをやり切ったと思ったときにもらいたい。そんなニュアンスだったかな」

これまではやらなかった学生との遠征や、田舎暮らしなど、けいの「旅」は間違いなく新しい段階に入ろうとしていた。だがそれは、冒険に終止符を打ったという意味ではない。これまでのすべての経験をもとに、けいはより広い世界に飛び出そうとしていたにちがいない。けいの旅は「まだまだこれから」だった。その証拠に、その冬、けいは伏見とバックカントリーに何度も出かけ、スキー技術を習得しようとしていた。スキーを使った冒険の計画もけいの頭の中にはあったのだろう。

そして冬が終わると、けいは和田淳二のところに何度も通った。

けいは、これまでとは一線を画した遠征計画を考えていた。彼らが目指したのは、ネパール・ヒマラヤのパンドラという山だった。

第11章

パンドラ

開けてしまったパンドラの箱

谷口けいは自身の登山記録を、山と溪谷社の発行するクライミング専門誌『ROCK & SNOW』にたびたび寄稿していた。その編集長である萩原浩司は自らけいのページを担当し、編集に当たることが多かった。雑誌の記事だけでなく、登山ガイドのDVDの制作もけいと萩原は共に行なっていた。日本の代表的なクラシックルートである槍ヶ岳北鎌尾根と前穂高岳北尾根、そして剱岳八ツ峰、さらに残雪期の穂高連峰は、けいがモデル、萩原がプロデューサー兼スチールカメラマンとして撮影山行で登った。けいが学生とムスタンに遠征していたころ、萩原は、母校・青山学院大学山岳部のアウトライアー東峰（七〇二五㍍）登山隊に総隊長として参加していた。ネパールの東端、中国との国境に位置するこの未踏の山は、スコットランドの探検家、アレクサンダー・ケネスが踏査した際に巨大な壁に行く手を阻まれ、英語名でOutlier「局外者」と命名した。現地名はJanak Chuli。人里離れた辺地に佇む巨峰だ。

『ROCK & SNOW』以外にも単行本、季刊誌、カレンダー作成、さらにはテレビ出演など超多忙な日々を送る萩原にとって、一カ月を超える長期休暇を取るのは厳しかった。それでもヒマラヤ以前にそびえる仕事の「山」を登り切り、遠征に参加。そして、隊の指揮官としてだけでなく、自らもその未踏峰に登頂して帰ってきた。東京でハードな仕事をこなしながら、若者に劣らぬ体力とモチベーションを維持していた萩原に山岳関係者は喝采した。

けいも、萩原のその行動力を尊敬していた。遠征後、東京でけいは萩原の話を食い入るように聞いていた。萩原がアウトライアーで撮影した写真を見ていたけいは、一枚の写真を目にすると、突然、真剣な顔つきになった。

「萩原さん、この山、なに？　ちょっと気になるんだけど」

その山は、マカルー、ローツェ、エベレストと八〇〇〇《メートル》峰が連なる遠景の手前に鋭く頭をもたげていた。萩原は答えた。

「ああ、それはパンドラ。たしかまだ未踏のはずだよ」

萩原の写真を見た直後から、けいは和田淳二にパンドラ（六八五〇《メートル》）に行くことを誘っていた。アラスカで四本の新ルートを拓いたことで、ヒマラヤも二人の視野に入っていた。和田に二〇一五年の秋に長期休暇の予定を立たせると、遠征計画はけいの主導でどんどん進んでいった。

けいが北杜で一人暮らしを始めたときは心配を隠せなかった寺沢玲子だったが、この計画で、けいが確実に進み続けていることを実感することができた。それまでけいは、平出の計画に乗るかたちでヒマラヤ遠征を行なっていた。だがパンドラは、自分自身で打ち出した計画だ。壁は未踏であり、そこを登ればけいの独創的な登攀になり、すなわちそれは、けいの渾身の表現になるはずだった。「糸の切れた凧」のようになるどころか、けいは、より高く、より自由に、自分の軌道を描いて飛びはじめたのだ。

寺沢はそう思い直していた。

けいの家には「二〇一五年の抱負」と題された箇条書きのメモが張ってあったが、最後にこんな言葉が綴られていた。

〈常に先のことを考えて、今を生きる
毎日うたう、よむ、きく、わらう
好きな自分でいたい

行きたい方向を見ていれば
自ずとそちらへ向かっていけるのだ〉

二〇一五年九月、けいはフェイスブックにこう書き込んでヒマラヤへ出発した。

〈日本の紅葉と富士山初冠雪を体験して、ヒマラヤへいざ出発。

と思ったら、ネパール燃料枯渇問題で国際便フライトが滞っている……。

ネパールに無事にたどり着けるのかどうかもあやしい前途多難な遠征幕開けとなりました。

と、「すべてがうまくいかないとき、はじめて冒険が始まる」

というイヴォン・シュイナードのお言葉をいただき、
改めてこの前に立ちふさがる壁に感謝。

素晴らしい冒険の幕開けに違いなし〉

しかし、一カ月半後に書かれた次の投稿はこうだった。

〈五〇日間の東ネパール遠征より帰国しました。

まったく音信不通だったので（って山にいるのだから当然なのですが）、ご心配いただいた皆様ありがとうございました。

偶然見つけて出かけていった未踏峰。

最高にカッコイイ山でした。

東ネパールははじめての地。訪れる人も稀で、静かで、目指す山への道のりは遠く、予想外の展開もいろいろ。

涙も笑いも怒りも、すべてひっくるめて、この経験に感謝。


開けてしまったパンドラの箱。

中身を確認しに、また必ず行きます。

……それまでこの山の詳細は内緒〉

この文章を読み、比喩表現として「パンドラ」という言葉を使っていると読んだ人も少なくなかった。それが山の名前だと気づいた人でさえも、この文面では、けいたちが偵察で行ったのか、実際に壁にトライしたのか定かではなかった。

けいは、パンドラ遠征の詳細をネットに載せなかった。おそらく、翌年にもう一度挑戦し、登頂したあとで報告をしようと考えていたのだろう。

だが、それが叶わぬまま、帰国の翌月にけいは黒岳で運命の日を迎えてしまう――。

けい自身がいずれは語るはずだったパンドラの初挑戦は、和田によると以下のような登攀だった。

「パンドラ」はネパール語で「15」を意味する。ギリシャ神話に出てくる「パンドラの箱」とは関係がない。だが、その偶然の符合は和田とけいのしゃれっ気を刺激していた。

「パンドラって、いい名前だよね！　山もかっこいいし」

二〇一四年のアラスカ遠征後、けいはより頻繁に東北へ来るようになっていた。目を輝かせながら自然の中に入っていくけいに、和田は「本当に好奇心がある人だな」と思っていた。「ずいぶんいい雰囲気じゃない」と同僚に冷やかされても、「やめてくださいよ。そんなんじゃないですよ」と答える和田。「もしかしてオレのことを……」と思ったことはなかった。ただ、「あたしは怖がりだからさあ、誰とでもは山に登らないんだよねー」と語るけいが、自分を選んでいてくれていることは率直にうれしかった。振り返れば、一カ月を超えるアラスカ遠征で一度も言い争いをしたことがなかった。東北の山でも、笑いが絶えなかった。

だがパンドラでは、少し二人に温度差があった。一〇日間ものキャラバンを経て見上げたパンドラは、ばっさりと切れ落ちた氷と岩の巨壁を露出させ、アラスカの山とは違う威光を放っていた。和田は慄然としながらつぶやいていた。

「うそだろ。これ登るのか？」

しかし、けいは「もらった！　これは行けるね！」と言って壁に指を向け、「あのラインだね」。そこは、和田にはとうてい行けるようには見えなかった。和田はけいとの経験の違いを感じずにはいられなかった。

その壮大な風景を前に、けいは士気を上げていた。アラスカのときとはまるで違い、研ぎ澄まされた雰囲気がにじみ出ていた。

ベースキャンプで和田がザックにアタックの荷物を詰めていると、「和田君、そんなに荷物少なくていいの？」と、珍しくけいが口を出してきた。和田が、これから詰めるんですよと言うと、「なら、いいけど。早くやんなさいよ！」と怒った口調で言って、向こうに行ってしまった。それだけのことだが、けいの張り詰めた気配がひしひしと伝わってきた。

和田は一般ルートからヒマラヤのピークに立ったことはあったが、壁を登攀するのははじめてだった。不安を抱えたまま登攀をスタートする。壁に取り付いてみると、そのスケールは基部で目算したよりもはるかに大きかった。二ピッチで抜けられると思っていた最下部の右上バンドは、まるまる四ピッチ分のロープスケールがあった。

二日目はいきなり垂直の氷のセクションとなった。標高六〇〇〇メートル付近でのバーティカルアイス。そこを淀みなくリードでロープを延ばしていくけいが、和田には信じられなかった。その氷は四〇メートルも続いた。その後も垂直の岩を越えなくてはならない部分も出てきた。上半身を全力で使うと、酸素が足りないからか頭の芯まで痺れてきた。夕方、疲労困憊のなか氷の斜面を削って張ったテントは三分の一が空中に浮いていた。

三日目は斜度五〇〜六〇度のクーロワールを登り、順調に標高を稼いだ。その晩はテントサイトとしてかなり安定した場所を見つけることができた。ただ、見上げた瞬間、

「これはヤバイだろう」

和田は思わず口からこぼしてしまった。不安定そうなリッジを挟み、右に北壁、左に北東壁が絶悪な姿でそびえていたのだ。

翌日、けいがリッジを登りはじめた。二ピッチ目、和田はそのままリッジを登った。意外に安定している。そう思い込んでいた。だが、ふと下をのぞき込むとそれはリッジではなく、脆そうな雪庇だった。慌ててけいのいるビレイ点まで戻った。気を取り直して、こんどは左の北東壁をトラバース気味に進んだ。だが、砂糖のようにさらさ

らした雪に手足は安定せず、プロテクションを取ることもできない。和田は「滑落するかもしれない」という恐怖に襲われていた。だが必死にもがいているうちに、「まあいいや。なるようになれ」という気持ちになってきた。捨て身で進むしかないという感じだったのだ。

運よく見つけた岩のクラックでピッチを切り、深呼吸をして落ち着いたあと、先ほどの投げやりな気持ちを思い起こしてぞっとした。自分は正常な思考をすでに失っているのかもしれない。そう思うと次は、頭の中を「絶対無理」という文字が点滅しはじめてしまった。

「これは無理ですよ」

上がってきたけいに、和田はそう言った。

「うーん……、どうかな。リッジは無理だけどね……。北壁側に回り込んでみるか」

「いや、さっきオレ、北壁見たし。そっちは無理でしょう」と和田は言おうとしたが、すぐにけいはリッジを乗り越え、右側にロープを延ばしていった。「ありえない」と和田はつぶやいた。リッジ自体、越えるのが難しく、その向こう側は弱点のない氷壁だったはずだ。だが、ロープは着実に延びていく。「うそだろ。行ってるよ!」和田は驚愕しながらビレイをした。フォローして追い着くと、けいは脆そうな氷でビレイをしていた。

次にリードした和田は、なんとか安定した氷の場所までたどり着いた。そこで思ったのは、「よかった。この氷を支点に降りられるな」ということだった。だが、フォローしてきたけいは、登り続ける姿勢をまったく崩していなかった。上部を指さして「あの辺が平らそうだから、今夜はそこでビバークできるよ！」と言う。「絶対、うそだ」と和田は思った。平らな部分などまるで見えず、垂直の氷の世界が広がるばかりだったからだ。見上げているうちに、寒さで手足の感覚がどんどんなくなっていった。帰るならいましかないと和田は思った。そしてけいに、諦めたいと告げた。

「えー、降りてもいいの？　本当に後悔しない？」

そう聞いてくるけいに、和田は、

「いや、後悔はするかも。でも死んだら後悔さえできないんですよ」

そう返した瞬間、けいは怒った口調で言った。

「ハア？　わたしはこんなところでは死なないよ！」

こうして、パンドラの遠征は終わった。和田は情けなさを感じていた。撤退したことが、ではなかった。下降を始めてすぐ、早くも後悔しはじめていたからだ。もう少し挑戦をするべきだったのではないか……。だが、憮然として下降するけいに「やっぱり登り返しましょう」とは言えなかった。

無事にベースキャンプに帰着して二日後、けいと話していて撤退時のことになった。

「本当にすみません。おれ、じつはかなり後悔しています」

思い切って和田が言った言葉に、けいは「えっ、マジ？　いやー、それは聞きたくなかったなー」と何度も繰り返した。だが、会話の最後にこう言ってくれた。

「ねえ、もう一回来ようよ」

その言葉に和田は涙を流していた。けいも涙声で続けた。

「これはあたしと和田君の山だからさ」

そして、けいは和田の腕にしがみついてきた——。


和田とけいが電話連絡の取れる村まで下りてきたとき、同時期に同じネパールのチャムランに単独でトライしていた今井健司（三三歳）が滑落死したと知らされた。けいが北杜の森に引っ越しをしたのは、今井が近所に住んでいるという理由もあった。二人は切磋琢磨しながらアルパインクライミングを続けていた仲だった。けいは言った。

「和田君、いつかチャムランも登りにいこうね」

そう言って、こんどはしっかりと抱きついてきた。

映画『エヴェレスト　神々の山嶺』で今井から登山指導を受けた俳優の岡田准一は、今井の妻と息子を励ますために仲間を集めてハイキングを企画した。帰国直後のけいはそこにガイド役を買って出た。寺沢もそのハイキングに参加し、その夜は、けいの北杜の家に泊まった。するとそこには、けいが嫌いだと言っていたさだまさしの曲が流れていた。以前、けいは「うそっぽくて嫌い」と言っていたはずだ。見ると本棚には彼の著書もある。何かあったのだろうか。けいに聞いてみると、「この歳になると心に染みる」と返してきた。

後日知ったことだが、さだまさしは和田の好きな歌手だった。本も和田から借りていたものだった。寺沢は、けいは再び和田とパンドラに行くと確信していた。その一カ月後の十二月二十一日に、まさかけいが滑落することになるなど、寺沢は露とも考えていなかった。

十二月二十日、和田は友人のクライマーと南アルプス甲斐駒ヶ岳を登っていた。山頂に立つと、けいの住む北杜の森が眼下にあった。けいが北海道に行っていることを知らない和田は、けいの家がある付近の森を撮り、写メールでけいに送った。下山を始めるとすぐに携帯は圏外に入ってしまい、けいからの返信は見られなかった。

返信を読んだのは、翌二十一日午後二時半ごろ駐車場に下りたときだった。前夜、テントの中で書いたものだった。

〈北海道に来ています。いま、テントを立てたところ。明日は、はじめてのスキーを背負った登攀。黒岳山頂からスキーで下る予定で、とっても不安です〉

いまごろ登攀を終えてスキーで下っているのだろうか。甲斐駒登山のあと、北杜でけいと会えるかと思っていたが、北海道にいるのならそれは無理だ。和田はそのまま帰路についた。

和田はスキーもできるクライマーだ。東北の月山から朝日連峰をスキーで一〇〇キロ縦走したこともあった。その記録を知ったけいは、「それはすごい楽しそうだね！」と言ってきた。和田が次は吾妻連峰を狙っていると言うと、「私も一緒に行けるかな？」と返してきた。いま北海道で本格的にスキーのトレーニングをしているのであれば、これからけいとスキー登山に行くこともあるだろう。

和田が漠然とそんなことを考えながら帰路を急いでいると、花谷泰広から電話がかかってきた。

「まだわからないんだけど……」

と前置きをしたあとで、きょうの午後、けいが滑落したことを伝えてきた。

「状況を考えると、厳しい……」

とも花谷は言った。和田は「そんなはずはない」と思い込もうとした。だが経験豊かなクライマーの花谷が言うことなら間違いはないのだろう……。覚悟をしなくては、と和田は思った。下山後の疲れも空腹も、和田はまったく感じなくなっていた――。


滑落事故が起きた前日から、けいと四人の男性クライマーは黒岳に入山していた。そのうちの一人、加藤直之はけいと同じ北杜の森に住み、何度も一緒に山へ行っていた。その年の夏には剱岳北方稜線五〇キロを六日間かけて共に歩いた。同じ年齢の二人はお互いサバサバとした性格で、気は合うほうだった。

北海道でけいはまず、ニセコでスキーをした。次に加藤と雷電海岸で落ち合ってミックスクライミングを楽しんだ。加藤はその後、三人の仲間とバックカントリースキーをする予定になっていて、けいはその計画に乗るかたちになった。

向かう山は決めていなかったが、天候と距離を考慮して最終的に黒岳になった。コースは北壁を登攀後、北東側斜面を下るというもの。とくに思い入れのある計画ではなかった。加藤は言う。「だれの企画ということはなく、どうせスキー用具も登攀用具もあるからやろうよ、みたいなカジュアルな感じだった」。メンバーの一人は札幌を拠点に北海道のみならず世界の山々を滑り込んでいるスキーヤーの佐々木大輔で、以前から佐々木を知っているけいは「行き先は大ちゃんにまかせるわー」と軽い感じで言っていた。

だが、入山するとけいの雰囲気が少し変わった。初日に黒岳の山腹で滑ってみたが、加藤にはそのときけいの動きがぎこちなく見えた。しかし、けいがナーバスになるほど困難な山行になるとは思えなかった。北壁は、経験豊かなけいにとってはやさしいグレードの壁だった。そして、滑降する北東側斜面は快適なスロープが続き、毎年何人ものスキーヤーが滑っている場所だった。「難しくないということは、けいちゃんにも言っていたと思う」と加藤は振り返る。

五人は北東側の山腹でテント泊をした。普段は酒を飲まないけいが、その日はブランデーを飲んでいたのが加藤には意外だった。翌朝、スキーを担いで北壁側に山を回り込んだ。けいは少し古めの山スキー兼用靴を履いていた。風が強かったので引き返すことも話し合ったが、全員が予定どおり行くという判断を下した。けいと加藤ともう一人のクライマーは北稜へ。佐々木とパートナーは、そこよりも頂上側のラインに取り付くことにした。

北稜は藪が多く、日本の壁に多い泥くさいルートだった。悪天候になる前にとにかく早く壁を抜けようと、三人はスピーディーに登攀を続けた。ビレイポイントでも会話らしい会話は交わさなかった。最初に壁を抜けた加藤は、そこにあった大岩を支点に二人を上からロープで確保した。けいがビレイ点に着くと、加藤は明るく彼女に言った。

「これから滑りじゃん！　最高じゃん！」

けいは口元をニコッとさせ、「そうだね」と言った。その笑みとは裏腹に、加藤にはけいが少し緊張しているように見えた。

ビレイ点でけいは「トイレに行ってくる」と言い、加藤は「オッケー」と答えた。これまでのけいとの登山で、何度も繰り返したやり取りだった。けいはロープを外して大岩の向こう側へ行き、加藤の視界から消えた。もう一人のパートナーが登ってくるまでしばらく時間があったが、けいは戻ってこなかった。

パートナーは、大岩の反対側が見えるような場所を登ってきていた。そこで加藤は言った。「けいちゃんトイレ行っているから。（見ないように）気をつけて」。だが、彼はこう返してきた。

「えっ？　いないよ」

　血の気が引くような言葉だった。彼のビレイを終えた加藤は大岩の反対側まで行き、周囲を見渡した。だが、けいの姿はなかった。「まさか」と思った。しかし、けいが一人で山頂に登っていった可能性もあった。加藤は山頂へ走った。が、山頂には佐々木と彼のパートナーしかいなかった。

「けいちゃんがいないんだよ！」

　普段はクールな加藤の悲痛な叫びに、佐々木たちは緊急事態であることにすぐに気づいた。急いで大岩まで戻り、よく見ると大岩の隣に両手のオーバーグローブが置かれていた。そのすぐ横は断崖絶壁。信じられない光景だった。加藤は言う。

「いつものけいちゃんなら、絶対に行かない場所だった……。なぜ、あそこにけいちゃんが行ってしまったのか。スキーで緊張していたとか、単純にいろんな推測はできるけれど、その理由は正直ちょっとわからない……。自分がビレイ点をもう少し違うところに作っていればとか、いろいろ考えた」

　強まる風雪のなか、加藤はロープで確保してもらって崖にぶら下がった。そこは段差のない垂直の壁が続いていた。そこから物を落とせば、ノーバウンドで五〇メートルほど下の急斜面まで落ちてしまいそうな完全な垂壁だった。

加藤と佐々木ともう一人の仲間は山頂まで戻り、その後一八四〇メートル地点まで滑走。そこから木立にロープをかけ、けいの落ちたと思われる黒岳沢に向かって懸垂下降した。その途中で登攀用具（キャメロット#1）を発見。その時点で午後四時をまわり、夕暮れが迫っていた。天候は悪い方向に向かっていて雪面は不安定だったが、三人はさらに数百メートルを確保なしでクライムダウンし、五〇メートルほどの垂直の滝のところまで来た。そこでもビーコンの反応はなかった。

いったん山麓へ下山した加藤たちは装備を揃え、翌朝、再び黒岳沢を下降した。けいは、頂稜から七〇〇メートルも下の谷の底に横たわっていた。

「けいちゃんがあの崖の縁に行ってしまったことが、いまでも悔しい……」

加藤は、そのような言葉を繰り返した。

心肺停止でけいが発見されたというニュースは、その日のうちにテレビやネットで広く報道された。和田は呆然としながら一日を過ごしていた。

夜、和田のところへ鈴木啓紀から電話がかかってきた。和田と鈴木は東北最大級の岩壁である黒伏山に新ルートを共に拓いた仲だった。ひとしきり事故について話したあと、鈴木は和田に「もし、僕でよければ、パンドラに一緒にいきます」と言ってきた。だがそのとき和田は、「いや、気持ちはありがたいけれど、いまは考えられないな……」と答えることしかできなかった。

〈涙も笑いも怒りも、すべてひっくるめて、この経験に感謝。

開けてしまったパンドラの箱。

中身を確認しに、また必ず行きます。

……それまでこの山の詳細は内緒〉

SNSを見ない和田は、その文章が出ていることをけいの遭難後に友人から教えてもらった。〈中身を確認しに、また必ず行きます〉。その言葉は、空虚になってしまった……。

和田は、けいがいなくなってはじめて、けいを愛していたことに気がついた。登山パートナーとして、気の合う友人として、海外遠征の師匠として、そして何より女性として。

それから三カ月後の三月、和田と鈴木と私は、けいの追悼山行で黒部横断に向かった。駅で落ち合ったとき、私には和田がまだひどく落ち込んでいるように見えた。「生きている意味がない……」。登山口へ向かう車の中で、和田はそんな言葉を何度も口にした。これから厳しい雪山に向かおうとする者の言葉ではなかった。だが一歩山に入ると、和田は強烈なラッセル力で深雪を先頭でかき分けていった。

六日目、核心部の剱岳山頂を越えて早月尾根の上部でテントを張ると、対岸に剱尾根が見えた。そこは、和田とけいがはじめてロープを組んだ場所だった。それを見ながら和田はつぶやいていた。

「パンドラにはもう一度行こうと思う」

「オレも一緒に行きますよ」と鈴木は応えた。

二年後の黒岳

自分自身と向き合うこと。前向きに行動しつづけること。社会に用意された道ではなく自分自身で道を見つけること。自分のやりたいことを追求すること……。けいの死は、あまりに多くのことを私に課してきた。

しかし、けいのように生きることは難しく、日々の雑務に追われ、けいの残したことは少しずつ自分の中で薄まっていった。それに抗うように、私はけいの友人に会いに行き、彼女の話を聞き、それを文章にまとめていた。

大学のときのけいのクラスメイトの鈴木勝己に会ったのは、黒岳の遭難から一年半後だった。大学のサイクリング仲間すら彼の存在を知らなかったのだから、私がたまたま連絡先を知り、話を聞けたのは幸運だった。

けいが『かもめのジョナサン』を愛読していたことなど、私には初耳だった。しつこく質問を続ける私に、勝己は熱意を持って話してくれた。夕飯を食べながら始めたインタビューは、夜を通り越し、気がつくと明け方になっていた。始発電車を目指して駅に歩いているとき、勝己は言った。

「けいが最後に登った冬の黒岳に登ってみたい。一緒に行ってくれませんか」

けいとオートバイでの旅をしていた勝己だが、彼女と冬山に登ったことはなかった。文化人類学者としてかつてはタイで野山を歩き回っていたとはいえ、日本に帰国後は大学に引きこもり、運動らしいことはまるでしていないという。そんな彼と、北海道の雪山に登るのはリスクがあった。だが、技術のない私を、けいはアルパインクライミングに連れていってくれたではないか。私は勝己に答えていた。

「ぜひ、行きましょう。黒岳に雪が積もったら行きましょう」

勝己と北海道に向かったのは二〇一七年の十一月中旬だった。

一足先に札幌入りしていた勝己と千歳空港の駐車場で落ち合い、レンタカーに乗り込んだ。札幌から北に向かうと、すぐに路面は雪で覆われはじめた。この平野部で雪があるということは、山では相当な積雪量なのではないだろうか。私は、勝己を連れていくことにあらためて不安を感じはじめていた。そんな危惧をよそに、勝己はこんなことを言った。

「きのうから、けいが近くにいるんだよね。さっき、大石君も来たんだーってけいが言ってたよ」

冗談ではなく、勝己にはけいの声が聞こえるらしい。だとしたら、この雪がもたらす危険についてけいは何も言わないのだろうか。

私たちは黒岳山頂にテントを張り、一泊する登山計画を立てていた。勝己はそこで、けいとさらに交信をするつもりなのだろう。

翌朝、始発のロープウェイに乗り込む。ロープウェイを下りると、そこからがスキー場となる。だが降雪のその日、リフトは動いていなかった。誰もいないゲレンデを登る。リフトの終着駅までは簡単に上がることができたが、そこからが厳しかった。

スノーシューを履いていても膝上まで潜るラッセルとなったのだ。しかも、強まる降雪がさらに積雪量を増やしている。振り返ると、眼下の樹林帯が雲間から見え隠れしていた。それで高度感を感じたのか勝己は、「すごいとこに来てしまった」とつぶやいていた。

風雪の日に登山をしてはいけない。その雪山の常識を私は勝己に告げられなかった。絶対に山頂で泊まってやるという気迫が、勝己にはみなぎっていたからだ。それにしても、普段まったく運動をしていないという勝己がついてこられるのが不思議だった。

「きょうはけいが乗り移っているから、これだけ歩けるんだ」と勝己は言った。

まばらに生えていた木々も、やがてなくなった。森林限界を超えたのだ。遮られることなく自由になった風が体を叩く。勝己は、山頂でのテント泊にこだわっていた。だが、もう言うしかなかった。「この天候では、山頂でテント泊は無理です」。私の言葉ではなく、強い風雪を受けて勝己も納得してくれた。

一瞬、ガスの切れ間から山頂と思しき場所が見えた。が、次の瞬間にはまた灰色の世界に包まれた。何も見えない空間に向かって私たちは登り続けた。風景を収めようと私は一眼レフにレンズを二本も持ってきたが、遠景も近景もないその空間に、それは無用の長物となっていた。私たちはどこに向かっているのだろうか。自分はホワイトアウトに慣れているはずだが、今回はいつもと違って山を登っているという現実感がなく、異空間に入り込んでしまったような気がしていた。

「動物の足跡もないね。生き物がいない場所に来ているんだな」と言いながら勝己は、一息ついた。

「けいさんはいま、何か言っていますか?」と私は聞いた。

「私は後悔なんかしてないんだからねって言っている」

勝己は間髪を入れずに答え、さらにこう続けた。

「やりたいことはやってきた。だから後悔なんかしていない。もちろん、やりたいことはまだあったけれどさ。けいはそう言っている」

上空では風の音がごうごうと響いていた。山頂に出ればその風に直撃されるだろう。だが、私たちはその風雪のなか、頂上を目指して登っていった。最上部まで来たとき上空の雲が流れ、わずかに周囲が明るさを増し、ほんの数秒間、太陽がうっすらと輪郭を現した。そのとき、上を指して勝己が言った。

「あれは人かな」

この強風のなか、人が微動だにせず直立していた。

一瞬そう思ったが、目を凝らすとそれは木の杭のようだった。そんな人工物がある場所は山頂にちがいない。あとは、この残りわずかな斜面を登り切るだけだ。

山頂の北側は、けいが落ちた断崖絶壁だ。まさか勝己は、そこに向かって飛び降りるつもりではないだろうか。ふと、そんなあらぬ想像が頭をよぎった。

山頂の道標の前までくると、「来たよ。会いに来たよ」と勝己は激しい風に向かって話しはじめた。

「なんか厳しい天候だけど、これはワザとだよね。厳しい環境でも前を向いて歩きなさい、という君の励まし。これは君からの試練だと私たちは考えて、最後まで登ることができました」

「これからも試練は続きますね」私がそう言うと、灰色の空間に向かって彼は答えた。

「試練は続きますが……。半分は、けいになって生きるからって決めたからさ。けいとして生きるよ、半分だけ。あとは任せろ。お前は、次の世界に行ったんだ。この世界のことはもう僕に任せろ。お前は次の世界で好きなことをやれ。そういう星まわりだったんだよ」

吹き荒れる風にかき消されそうな勝己の声を、私はしっかりと聞いていた。

けいが最後に見たであろう山頂からの景色は、まったく拝むことはできなかった。

風雪に打たれながら、少し離れたけいの滑落現場まで足を運んだ。大きな岩があり、そのすぐ向こう側が絶壁になっていた。スキーを背にその絶壁を登攀したけいとメンバーは、私たちが登ってきた斜面を滑る予定になっていた。だがその前に、何かが起こり、彼女はそこから落ちてしまった……。

勝己は慎重な体勢をとりながら、断崖の下をのぞき込んでいた。私は、勝己が持ってきたA4サイズのけいの遺影を眺めていた。それは生前、パタゴニアのプロフィール写真に使われていたものだった。けいが頬づえをついて、微笑みながら真っすぐにこちらを見ている。相手の話を興味深く聞いているような写真だった。けいは、自分自身だけでなく、友人たちも見続けていたのだと私は感じていた。

そのことを勝己に伝えたかったが、吹きすさぶ風のなかでうまく言葉にできなかった。しばらくすると手の感覚がなくなってきた。名残り惜しかったが、もう下山しなくてはならない。

登ったときにつけたトレースは、すでにほとんど雪に埋まっていた。風下の斜面まで下ると、勝己は言った。「前に進みなさい。やりたいことをやれ。休んでいるひまはない……。山頂で、けいはそう言っていた」。勝己は山頂で、けいと対話をしていたのだ。

「山頂から下りはじめたときは、またねって声がしたよ」

リフトの駅の近くまで下ると、私たちはそこでテントを立てた。十一月とは思えないほどの寒さが辺りを支配していた。世間から隔絶されたあの山頂に、けいはずっといるつもりなんだろうか。勝己に問うと「あそこだけでなく、けいの魂は世界中に散らばっているんだ」と彼は答えた。けいのお通夜の夜、けいの魂の光が世界中に散らばっていく夢を勝己は見たのだという。

テントの中でわずかな酒を飲みながら、勝己は大学生のころ、けいと旅した沖縄や北海道のことを訥々と語った。ひとしきり昔の話をしたあとで、勝己は言った。

「あんなにも個性のあった彼女が、なんでまたこんなつまらない男と親しくしてたんだろう。ほかの人からそんなふうに、絶対言われたくない。そういう生き方をしなくてはならない」

夜半にテントを叩く風がやんだ。テントの外をのぞいてみると、そこは圧倒的なほどの数の星々に埋め尽くされていた。さっきまでの吹雪がうそのようだった。思わず私も勝己も、寒さを忘れて外に出た。人工的な光のない黒岳の空は漆黒で、そこにある星々は異様なほど強い光を発していた。

「西表島でけいと見たヤエヤマボタルの光もこんな感じだった」

二〇年前、勝己はその海辺から人生の新たなスタートを切っていた。この星空もまた、新たな人生への啓示なのかもしれない。勝己は言った。

「この登山で何かが終わったってことではない。むしろここからが始まり。けいの生きた意味も、死んだ意味も、これから自分でつくっていくしかない。ある意味、僕たちは課せられている」

翌朝起きてみると、あの星空が夢だったかのように雪が降りしきり、テントは半分埋まっていた。ゴンドラの駅まで下りたが、悪天候で運休しているようだった。駐車場まで歩いて下りるしかないと思っていると、中から人が出てきた。「いま、ちょうど風がやんでいるから、すぐに乗ってください。特別に動かします」。

誰も乗客がいない空っぽのゴンドラに私たちは乗り込んだ。運が良かった。勝己の言うように、この山にはけいがいるのだろう。

北海道から帰りしばらくして知ったことだが、けいは遭難の前日、リフトの駅の近くで泊まっていたのだという。そこは私たちがテントを立てた場所だった。けいは最後の夜、そこで翌日のスキーと、そこから始まる将来の冒険を思い描いていたにちがいない。

十一月で年末のような雪。西表島のヤエヤマボタルを連想させる満天の星空。けいが最後に泊まった場所……。いくつかのことが、けいの経験と符合していた。

さらに、不思議な事実が発覚した。

前述のように、高校時代にけいは、オートバイの事故で一六歳で他界した高橋良明のことを綴った『あの笑顔をもういちど…!』を読んでいた。私の原稿を読み、勝己ははじめてけいがその本を読んでいたことを知った。

それは勝己にとって衝撃だった。というのも勝己は、高校時代に高橋と出会っていたからだ。底抜けに明るい笑顔で話しかけてくる高橋は、高校時代の勝己に強い印象を与えていた。

けいは高橋の本がひとつのきっかけとなりアメリカに留学し、誰にでも明るく話しかけられる人柄になった。だからこそ勝己と出会えたと思われたが、それ以前に、二人には高橋を通じて縁があったのだ。その事実は、私が水上由貴を取材し、高橋の本のことを聞き出さなければ、おそらく勝己も知ることがなかっただろう。

さまざまなことが連鎖していた。これは偶然ではないと思った。このような不思議な縁のことを生前のけいは、宮本輝の小説から「星まわり」という言葉で言い表していた。そのときの流れは、けいが引き起こしていると思わずにいられなかった。けいの魂は私たちの近くにいる。

それを感じられる私は、何をすべきなのか。それは、全力を尽くして生きることだろう。けいが、一瞬一瞬を生き切ったように。そう強く思ったとき、けいが描きかけたパンドラのラインが鮮明に思い出された。あのラインには、けいが投影されている。自分を信じる心、未知への好奇心、仲間との絆、夢を持ち続けること、常識の向こう側へ飛び出すための勇気。そんな、けいのすべてがあのラインには凝縮され、表現されている――。

和田淳二も鈴木啓紀も同じ気持ちでパンドラを見ているはずだ。私も彼らと、あの美しいラインを登ってみたいと思った。ラインを描き切り、山頂を極めることができれば、自分もけいのように全力を尽くした人生を送れるのではないだろうか。けいに教わった登山技術は、まだ忘れていない。あとは自分自身の意思の問題だけだった。

「前に進みなさい。やりたいことをやれ。休んでいるひまはない」

黒岳山頂で、けいが勝己に言ったという言葉を何度も反芻した。

けいの開けたパンドラの箱の中身を、私は見に行きたいと思った。

未完のライン

和田と鈴木は二〇一八年の秋にパンドラに行く計画を立てていた。黒岳での追悼登山を終えた私は二人に連絡をとってみると、快く遠征メンバーに入れてくれた。

さっそく私は和田と冬の甲斐駒ヶ岳で五日間の継続登攀を行なった。その後は週末に鈴木と冬山に通い、アイスクライミングのトレーニングを重ねた。和田も東北で氷を登り込んでいるとのことだった。けいと和田はパンドラの氷壁の部分で撤退をしている。それを突破するには、アイスクライミングのさらなる習熟が必要だった。

二月の週末に信州の氷瀑でトレーニングを行なった夜、平出和也のシスパーレ登頂のテレビ番組がオンエアされた。けいと行って敗退したその山に、半年前、平出は中島健郎と再挑戦していた。私はトレーニングの疲れを忘れ、その圧倒的な登攀映像に釘付けとなっていた。

雪崩をかいくぐり、テクニカルな岩壁を越え、山頂直下まできたとき、平出は極限状態に陥っていた。

「これまでやってきた登山の中でいちばんつらい。足が……、止まって動かない」

映像には映っていなかったが、平出はそのとき、もう一人の存在を感じていたという。けいがカメットで見た「サードマン」だったのかもしれない。ただ平出が見ていた人物は、知らぬ誰かではなかった。

その人は、けいだったのだ。

平出の中に鮮やかに残っていたけいの残像は、実在感をともなって目の前に現れ、彼を山頂まで導いた。

「けいさんと新しい山頂が登れて、うれしいです」

吹きすさぶシスパーレ山頂で、平出はそう言いながら、けいの写真を埋め、静かに両手を合わせていた——。

けいに励まされ、前に進もうとしているのは平出だけではなかった。

その夏、恩田真砂美はシブリンの隣峰、スダーシャン・パルバット（六五〇七㍍）を目指していた。長谷川恵理も、社会人になってからの初遠征としてインドの六〇〇〇㍍峰に向かう計画を立てていた。伏見幸希子は日本ではじめて開催されるアドベンチャーレースの国際レースであるNissan XTRAIL Adveture Race Japan in NAGANOに女性だけのチームでエントリーしていた。鈴木勝己は、東北を秋にオートバイで走り、死生学の新たな論文の構想を考えたいと言った。けいの魂はそれぞれの心の中で生き続け、行動を起こさせていた。

鈴木啓紀はパタゴニアのブログの中でこう書いている。

〈彼女が残してくれたエネルギーの破片はまだたしかに僕のなかに生きていて、ときに僕を叱咤し、勇気づけ、背中を押してくれる。まるで熾火《おきび》のように。

そして、けいちゃんとつながりのあった多くの人びとのなかにも、彼女のエネルギーの破片が同じように息づいているのだと信じている〉

そう、生前、まるで太陽のように私たちを照らしてくれたけいは、いまも心のなかで輝き続けていた。太陽のかけらが、私たちのなかで燃えていた。

春が過ぎ、六月上旬になっても私と鈴木は富士山でアイスクライミングをこなしていた。数年に一度しか形成されない噴火口の巨大な氷柱が、この年は六月上旬もまだ懸かっていたのだ。その氷が解けてからは、高所訓練に富士山で走り込みを行なった。けいが見た景色を見てみたい。さらに、パンドラ山頂を踏み、彼女が見られなかった景色も見てみたい。その気持ちがトレーニングを支えていた。調子は上がり、富士宮登山口五合目から剣ヶ峰山頂を約二時間で往復できるようになった。パンドラの資料を集め、装備を吟味し、飛行機のチケット代も払い込んだ。

出国まで二カ月を切った七月下旬の週末は、三人で穂高岳の継続登攀を行なう予定になっていた。しかしどうしても予定が合わず、各自でトレーニングをすることになってしまった。

その週明けの月曜、昼過ぎに鈴木啓紀から携帯に着信があった。つながるなり、慌てた口調で鈴木は言った。

「和田さんが、戻ってきていない」

和田は土日で朝日連峰へ沢登りに単独で出かけていたが、まだ下山していないという。和田なら、軽いけがなら自力下山できるだろう。道迷いはありえなかった。だとすればいまは、相当な窮地に陥っているということだ。あるいは……。

けいの事故がフラッシュバックしてきた。山では常に慎重だったけいが、黒岳で滑落してしまった。あのときも「まさか」としか思えなかった。

呆然とする私に、鈴木は言った。

「警察のヘリは明日まで飛べないらしい。俺たちで動くしかない」

警察に救助要請をしたという和田の友人に電話をかけて確認してみたが、やはり火曜の朝までヘリは飛ばないという。すぐに家に帰り、登山用具を車に詰め込んだ。

けいが遭難したあの日、私は恩田真砂美に電話をして北海道に行こうとしていた。だが恩田は、けいがエキスパートクラスのクライマーたちと一緒にいたことを伝えてきた。捜索はまず彼らによって行なわれていた。そこに恩田と私が行っても、できることはありそうになかった。

だが、今回は違う。和田は独りなのだ。事態はけいのときよりも切迫している……。一刻も早く現場に向かわなくてはならない。

私と鈴木が連絡を取り合っているとき、和田は見附川支流高松沢の谷底で動けずにいた。頭上には自分が落ちてきた斜面があった。そこは傾斜五〇度ほどの岩と泥の斜面だった。その最上部を数メートル横断した和田は、約一〇メートル下の河原までクライムダウンするつもりでいた。最初の一手に灌木を片手で持ったとき、少し強度が弱い気がした。だが折れることはないだろう。そう思い、もう片方の手も添えた。すると一瞬にして一抱えほどもある灌木全体が抜けた。「まずい!」と心の中で叫んでいたが、危機感はそれほどなかった。バランスよく滑っていけば、うまく着地できると瞬間的に思ったのだ。しかし体はコントロールを失い、予想外にも仰向けになってしまった。次の刹那、和田は尖った岩の上に叩きつけられていた。

激痛が走る右足を恐る恐る見てみた。腿の部分が大きくくぼみ、そこから下がぐにゃりと曲がっている。出血もしていた。骨が折れ、外に突き出したのだ。

和田は、大声で叫び、意味にならない言葉を発し続けていた。気を失いそうなほどの痛みだった。それに耐えながらまず思ったのは、「これでパンドラは消えた」ということだった。和田は思わず、被っていたヘルメットを地面に叩きつけた。数メートル先にそれが転がっていく。

そのときふと、けいの姿が脳裏に浮かび上がった。けいさん、何が言いたいんだ？と和田は思った。次に唐突に思ったのが、けいも、摑んだ灌木が折れたから落ちたのかもしれないということだった。

もしかしたら、それが言いたかったのか？

頭の中に、けいの姿が鮮明に浮かび続けていた。やはりけいもあのとき、灌木が折れて不意に落下したのだ……。

普通は考えないような非論理な思考が和田の中で繰り返されていた。この滑落で、けいと同じ「向こう側の世界」に行くのだろうという潜在意識があったのかもしれない。

和田はパニックに陥りそうになっていた。このままでは本当に死んでしまうのでは、と思った。和田は、自分を落ち着かせるために口に出してこう言った。

「ヤバイ。これはヤバイ。ヤバイやつなんだ」

そして、腕時計を見た。事故発生は九時四〇分だ。

少し客観的に自分を見ることができた。いま、何をすべきか。水だ。水を確保するんだ。和田は自分に命令して、五メートル先の沢まで這っていった。

しかし水流の近くは水しぶきが上がり、長くいると低体温症になりそうだった。そこでまた少し移動しようとした。だが、少しでも足を動かすと、さらなる激痛が走るようになっていた。つい先ほどは五メートルも移動できたのは、アドレナリンで痛みが麻痺していたからだろう。

なるべくショックを与えないよう上体だけを起こし、両手で右足を引きずりながら仰向けで少しずつ移動をした。センチ単位でゆっくりと動くしかなかった。三回も意識が飛びそうになった。そのたびに「ここで意識がなくなったら死ぬぞ」と自分に言い聞かせ、目を見開き、声を上げた。

右足はありえない方向を向き、出血が続いている。和田は、これはリアルな夢なのではとも思った。山の遭難はこれまで何度も見聞きしてきた。だが、自分は事故を起こさないと思っていた。しかし、滑落してしまった。そして、体の中の最も大きな大腿骨が一瞬で折れてしまった。それは受け入れ難い事実だった。

三メートル移動したとき、時計の針は午後一時を指していた。このわずかな移動に三時間を要したことになる。直射日光が当たって暑かったが、全身からいつもと違う冷や汗が出ていた。

昨晩、山小屋から友人にメールを送ったとき、下降ルートにするこの沢の名前をたまたま書いておいた。その友人が救助要請をしてくれているかがカギだった。いつかは発見されるだろう。だがそのとき、自分は生きているのか。死んでいるのか……。

ザックの中の食料を広げると、三食分が入っていた。それを火曜の夜まで食い延ばす計画を立てた。手を伸ばせば届くところに小さな流れ込みがあり、飲み水には困らなかった。

やがて夜になり、あたりは沢の音だけが支配する漆黒の世界になった。谷間の上にある狭い夜空を見上げると星が瞬いていた。しかし、やがてそれは雲に消され、しとしとと雨が落ちてきた。タープを持っていたのは幸いだった。

とにかく冷静にしていよう。絶対に大丈夫だ。そう自分に言い聞かせ、リラックスしようとした。だが、痛みと全身の不快感で一睡もできなかった。

月曜の朝が来た。運が良ければ、きょう救助隊が来るだろうと思っていた。だが、昼が過ぎても誰もやってこなかった。「きょう中に救助が来る」と期待し、来なかった場合はショックが大きすぎる。和田は頭を切り替えて、「きょうは来ないのだ」と思うように努めた。

最悪、水曜日まで救助されないことを想定した。食料は食い延ばせるだろう。だが感染症が心配だった。骨が突き出したのだから、傷口は相当に深い。血とリンパ液は流れ続けている。逆にそこから不衛生なものが体の中に入り込んできている気がした。体はすでに発熱しているが、これからさらに熱が上がり、さまざまな機能が低下していくのではないだろうか。これで水曜日まで耐えられるだろうか。そう思うと、じわじわと窮地に追い詰められていくような感覚が忍び寄ってきた。

事故の原因となったあの灌木は、雪崩か何かに引き抜かれて、そこに「置かれている」状態だったのだ。自然が作り出したダミーに騙された。

和田は死を近くに感じながらも、けいが「向こう側の世界」から手招きしているとはとうてい思えなかった。けいがいなくなった直後は、この世に生きている意味があるのかと和田は感じていた。自分も「向こう」へ行ってもいいとさえ考えていた。

しかし、いまは違う。自分は生きることを決め、未来に向かって動きはじめている。パンドラは過去ではなく、未来に向けて生きていくための課題なのだ。

いまは、けいには会わない。

絶対に生き延びてやる。

そう思っていたそのときだった。尾根の向こうから突然ヘリが姿を現した。

タープを思いっきり振り回しながら、和田は叫んだ。

「ここだ！　頼む！　行かないでくれ！」

ヘリは和田の方に直線的に飛んできた。見つけられたことはその動きでわかったが、和田はまだ叫び続けていた。それは歓喜の叫びだった。ヘリは彼の上でホバリングした。そしてすぐにレスキュー隊員が降下してきた。和田は生き延びることができたのだ。

和田がいた沢の少し上は、幅の非常に狭い峡谷になっていた。その中に落ちていたら、上空からの発見は難しかっただろう。

「いま警察から連絡があり、ヘリで見つかったそうです。けがはしているけど、無事とのこと」

鈴木からメールを受け取ったのは、東北へ向かう車の中だった。ヘリは火曜まで飛べないという情報だったが、月曜に飛んでくれたのだ。私は安堵感で、大きな息を吐いた。

　和田のけがは、右足大腿骨の開放骨折だった。入院生活は最低二カ月は続くとの診断だった。すぐに病院に駆けつけた鈴木は、和田の病室からビデオチャットを私につなげてくれた。スクリーンに映し出された和田の顔は頬が痩せこけていた。

「今年のパンドラは行けなくなってしまった。本当に申し訳ない……。オレは来年リハビリに専念して、二年後の二〇二〇年に行くつもり。今年は鈴木君と大石君だけで挑戦する手もあると思う。二人で決めてくれていい」

　和田が、パンドラ再挑戦をもう考えていたことが驚きだった。隣で聞いていた鈴木はすぐに言った。

「二〇二〇年といえば、東京オリンピックの年じゃないですか。三人で調子を上げていきましょう！」


　その翌日、私も山形の病院へ向かった。車窓からは広大な水田が広がり、その向こうには自然林の山々が連なっていた。けいが好きそうな風景だった。けいと和田と一緒に、一度、東北の山に登ればよかったと思った。だが、けいはもういない。そして過去に戻ることはできない……。

病室で和田は、パンドラに行けなくなってしまったことを再び詫びてきた。だが、パンドラはなくなったわけではない。現在も、未来もそこにそびえ続け、和田もここに生きている。

「ヘリから見つかりやすい位置に落ちたのは、ほんとに不幸中の幸いだったよ」と和田は言った。けいが何か見えない力を貸してくれたのでは、と私は思わずにいられなかった。和田は、リハビリをこなしてくれるだろう。そして二年後にパンドラに挑戦してくれるにちがいない。

ひとしきり話をしたあとで和田は、ぼそりと言った。

「救助を待っているときもパンドラのことを考えていて……。でも、あのときは、パンドラを登るのはまだまだ早い！って、けいさんに言われている気もしたよ」

それは具体的にどんな意味なのか聞き返しはしなかった。私にとっても「まだまだ」だったという気持ちがあったからだ。登攀技術や体力が不足しているということではない。けいの人間としての大きさに、まったく近づけていない気がしていたのだ。パンドラに描きかけとなっているけいの壮大なラインを目指すときは、けいのように、大きな人間になっていたい。

そして、ラインの完成が待たれるのはパンドラだけではない。さまざまな場所を旅し、多くの人に出会ったけいは、目標に向かって登り続けるすばらしさを教え、誰しも自分の山と、そこに描くべきラインがあることを気づかせてくれた。それぞれの人が持つ未完のライン。それを完成させるのは、残された私たちの使命だ。

けいの書いた文章を最後に再びここに記そう。

〈死に触れる度に、生を尊く思う。

こんなの、こんな人生、いいのかどうかも分からないけれど、生の素晴らしさと大切さを実感できる自分で良かったと、つくづく思う。

生きられなかった人生の分まで、私は欲張りに生きたいな。全《すべ》ての一瞬一瞬を、逃したくないって思うのだ〉

けいを知る私たちは皆、けいの分まで生きなくてはいけない。

けいが開けてくれたパンドラの箱。

その中身を確認する私たちの旅は、生きているかぎり続けられる。

アウトライアー山頂から見たパンドラ（左手前の鋭峰）と、
遠くに左からマカルー、ローツェ、エベレストの山々
（撮影＝萩原浩司）

解説　谷口けいが、僕たちに遺したこと

野口　健

二〇一五年十二月二十二日、僕はその日ヒマラヤ遠征のためカトマンズ入り。空港からホテルにチェックインし一息ついたそのときだった。一通のメールが届いた。

Yasuhiro Hanatani

ん？　登山家の花谷さん？

突如、心臓の鼓動が忙しなく小刻みに波を打ち出した。めったにやり取りしていない花谷さんからいきなり届いたメール……。だれかに何かよくないことが起こったのか……。

メールを開く前に慌てて洗面所に向かい顔を何度も洗った。

だれ？

頭の中を何人かが浮かんでは消えた。誰かが残りそうになれば、振り払うかのように頭を横に振っていた。第一線で活躍している花谷さんが、わざわざカトマンズにいる僕に伝えてくるのは……。

だれ……。だれだ……。まさか……。いや、そんなはずはない……。

まさか……。

けいさんなの……。

まさか……。


しかし、けいさんの面影がまるで漂うクラゲのように脳裏の片隅に薄っすらと透けてゆらゆらと浮かぶ。

また頭を振る。必死になってふるい落とそうとするが、消えてくれないのだ。

部屋のライトを落とし、パソコンの元へと向かった。

「健さん、ナマステ。やっとネパールなのに、残念な連絡をしなければなりません。けいちゃんが北海道の黒岳で行方不明の状態です。分かる範囲ですが、頂上付近からかなりの距離を滑落していると思われ、現場からの連絡で厳しい状況が伺えます」

「……」

車のクラクションが鳴り響くカトマンズの騒音がいつしか遠ざかり、まるで海の底で独り、体育座りしているかのような。とても静かで、とても暗くて、とても寒くて。

けいさんが落ちた……。黒岳……。どこ……。

もう一度メールに目を向けると北海道と書いてある。

どうして北海道……。どうして黒岳……。

そんな馬鹿げた言葉が頭の中を通り過ぎていった。

カーテンの隙間から夜空が見え、いくつもの星が輝いていた。こんなときでも星は輝くのか、こんなときでも星を美しいと感じるものなのか。

せめてヒマラヤなら……。

「……」


けいさんとはじめて出会ったのは約二〇年前、山関係のパーティー会場でだった。友人が連れてきたのだが、あれだけ大勢の人がいる中でもけいさんの存在感はずば抜けていた。何しろパーティー会場でも気になって仕方がない。いろいろな人が話しかけてくるのでなかなか僕からけいさんに近づけない。ほかの人と会話をしながらもけいさんの姿を探していた。目が合うとニコッと白い歯を見せながら満面の笑顔。滅多に見ることのできない一〇〇点満点の笑顔に、僕も「作り」ではなく自然に湧いてくるような笑顔で返していた。

その日は少ししか会話ができなかったけれど、彼女はなにか「揺るぎない信念」のようなものを持っていると感じていた。

それから僕の事務所でイベントを担当してもらったり、また環境学校のスタッフとして一緒に活動をスタート。打ち合わせや、雑談のときでも徹底していたのは「一本筋」であった。活動を行なっていれば時に思うようにいかないことも多い。またスポンサーがついていれば無理なリクエストにも応える必要がある。どうしたって相手側に合わせなければならないこともある。

そんなときに「本当にそれでいいの？　楽をしようとしていない？」とけいさんから指摘されること多々。「けいさん、気持ちはわかるがここは飲み込んでくれ。けいさん、大人の対応を頼むよ」と一言思わずポロリ。

火に油を注ぐとはまさにこのことで「健さん！　ちゃんと私の目を見て！　その上で堂々と説明できるの？　妥協したらダメなの。大人の対応ってどういう意味なの？迎合することなの？　流されるダメな大人のこと？　健さん、ダメな大人になってしまうよ。ダメな大人になって子供たちに何を伝えるつもりなの」。

けいさんの生き様はまさにシンプルであり、社会にありがちな損得勘定、どろついた駆け引きなどまるで無縁であった。けいさんにとっていちばん大切なことは「自分らしく自分の力で生きること」であった。世の中、就職せず「俺たちはアウトローの道で生きていくんだ！」と夢見る若者も多い。しかしその多くは年齢を重ね、結婚をし、子供が産まれれば安定した生活を求め定職に就こうとする。それも一つの生き方だろう。しかし、けいさんは「自分はこの道で生きていく」という揺るぎない信念と覚悟をもっていた。ゆえに人間的魅力、そして奥深さをけいさんから感じ、人は魅了されるのだ。

こんなこともあった。何かのやり取りでけいさんに「普通はさ、もっとこうだよね」と話したら「普通ってなに？　みんな普通は、普通はって簡単に言うけれど、普通でいいの？　普通って言葉で安易に逃げているだけでしょ！　そこには自分はないでしょ。健さんは本当は何がしたいの？　普通はって、健さんらしくないよ」と。

「私はね、健さんの『落ちこぼれてエベレスト』を読んでものすごく感動したの。健さんの反骨精神に心が動かされたの。用意されたレールに乗って走る人生ではなくて、自分でレールを敷いて走る。レールがなくなればまた自分でレールを敷くの。健さんのそういう生き方に憧れたの」

またあるときにはこんな言葉も。

「健さん、有名になっていろいろな大人たちが近づいてきて、みんな、調子のいいことばかり言って健さんの気を引こうとするけれど、利用されちゃだめだよ。最近の健さん、なんか浮かれている。大切なことを忘れちゃったみたい。『落ちこぼれてエベレスト』を思い出して。健さんの魅力はさ、そこなんだから」

たしかに、僕はちやほやされて浮かれていたのかもしれない。けいさんの厳しい指摘にハッと目が覚めた。厳しいけれど、しかし、けいさんの言葉はオブラートに包み込むようなぼやけたものではなく、いつだって真実そのものであった。

いつしか、けいさんにだけは弱みを見せることができ、本当の思いを相談することができるようになった。悩みを相談すれば、まるで自分のことのように一緒に悩んでくれた。

「エベレスト清掃隊に参加してほしい」とお願いしたのも、けいさんが一緒にいてくれるだけで安心できたからだ。そして野口隊では通信係から隊員の健康管理、シェルパたちとのコミュニケーションなどあらゆることを積極的に担当してくれた。自分から役割を探し、お願いしていないことでも気がついたことは率先して何でもやってくれた。いつしか野口隊にとってもなくてはならない存在になっていた。

けいさんは人にも厳しかったが、自分にも厳しかった。自分は何のために生きているのか。次から次へとより厳しい未知なる世界へと足を踏み入れていく。激しすぎる夢には代償も伴う。強靭な体も方々で悲鳴をあげていた。氷塊が頭に直撃し大けがしながらも翌週には山に向かった。前十字靱帯断裂したときには「けいさん、やり過ぎだ。このけがは『少しは休め』ってことだよ。ペースを落としたほうがいい」と慰めたが、「体のケアを怠ったから」と黙々とリハビリに徹していた。膝に水が溜まりパンパンに腫れたときも「あー情けない！」と自分の不甲斐なさを責め、決して歩みを止めようとはしなかった。

二〇〇七年のエベレスト登山では「無酸素で挑戦したい！」と何度か僕に伝えてきたが、しかし、酸素ボンベを使用しない無酸素挑戦はリスクが高い。隊長としてそう簡単に「いいよ！」とは言えないが、内心「けいちゃんは自分でやると決めたことはやるのだろう」と感じていた。けいさんが最も心を寄せていたシェルパのペンバ・ドルジには「けいさんをよろしく頼む。少し多めに酸素ボンベを持っていってほしい。必要な状況になったら無理やりでいいから酸素を吸わせて」とお願いしていた。

しかし、けいさんのアタック前にトラブルが発生。

けいさんはアタック二次隊で、まず第一次隊の僕と平賀淳カメラマンが登頂した。エベレスト山頂から下山開始直後に別の日本隊の隊員が山頂直下で疲労と酸欠により意識がもうろうとし歩けなくなった。この状況で下ろすことができない。選択肢は二つしかなかった。その「死の領域」で一緒にとどまるか、それとも彼をその場に残し自分は降りるのか。

頭では取るべき手段はわかっているものの決断できない自分がいた。気がつけばけいさんに無線連絡していた。「歩けない人がいる。しかし、この状況では下ろすことができない。いま、一緒にいるけれど、どうするべきか」と。少し間があり、けいさんから「健さん、気持ちはわかります。ただ健さんの酸素ボンベにも残量の限りがあります。健さん、ただちに下山を開始してください」。その直後にその人は僕の胸の中で息を引き取った。呆然とし放心状態だった僕に、「健さん！　聞こえているの！聞こえていたら返答してください！　聞こえていたら、いますぐ下山を開始してください！　健さん、生きて帰ってきてください！」と何度もけいさんの声が無線機から繰り返し響いた。

その言葉で僕はハッとわれに戻った。

そして下山を開始。

翌日、最終キャンプから下っているときにノースコルから上がってきたけいさんとすれ違った。「もう本当に心配したよ！　もう！　でも健さんの一〇年越しの夢が叶って本当にうれしい。事故のことは残念だったけれど、でも、健さんはやるべきことをやったよ。次は私の番だね」と抱きついてきた。

けいさんの言葉に救われた。それと同時に無酸素登頂を狙っているけいさんのことが心配でならなかった。「けいさんこそ、くれぐれも無茶はしないでね」と話すのが精いっぱいだった。

結果的には山頂手前でけいさんは酸素を吸うことになったけれど、いまでも振返って思うのは、けいさんなら無酸素登頂をやれたのではないかということ。「野口隊のメンバーとして遭難すれば迷惑がかかる」との気持ちが山頂直下のけいさんの頭の中をよぎったのではないか。

アドバンスベースキャンプで再会したけいさんは開口一番に「酸素、吸っちゃった」と、笑いながら照れくさそうに話した。

僕もとぼけながら「えー、けいさん、無酸素登頂を狙っていたの。ダメって言ったよねー」と驚いてみせたが、しかし、完全にバレバレで数日たってから「健さん、ペンバに私に何かあったら酸素を吸わせろって指示を出していたでしょ。もうー。あー無酸素で登りたかったなー」と。そして数日がたったころ、「でも健さん、ありがとう。酸素ボンベなかったらヤバかったかも」。

帰国直前、カトマンズで「健さん、エベレストに誘ってくれてありがとう。私ね、やっとやりたいことがクリアになったの。健さん、本当にありがとう。エベレスト、ものすごく意味があったし、楽しかったよ」と。かつてパーティー会場で目が合ったときのような、弾ける笑顔に美しさを感じていた。

四十三歳と決して長い人生ではなかったけれど、しかし、けいさんは、けいさんの人生を真っすぐに生きた。ジリジリと虫眼鏡で一点を焼くように、実直に生きた。眩しいほどに輝き、皆に光を当てた。けいさんは僕らの太陽だった。

けいさんは僕らにたくさんの表情を見せてくれた。にこにこ顔のけいさん、厳しい冷静な眼差しのけいさん、特に印象的だったのは澄んだ瞳で遠くを静かに眺めるけいさん。眼差しの向こうには何があったのかな。どこに向かおうとしていたのかな。

人は誰しもが何かを抱え、何かを背負って生きている。

けいさんはその核心部分を決して話そうとはしなかったが、僕には十二分にその何かを感じ取れた。僕と共通する何かを抱えていたような気さえする。だから僕はけいさんに心を開くことができたのかもしれない。

けいさんの遭難でつくづく感じたことがある。山に登る者たちの生き方とは、何なのだろうかと。

人生において完全試合は難しいものだ。日本を代表するあれだけのクライマーが予期せぬ山で、予期せぬ状況で落ちたのだ。どんなに一流のピッチャーでも、投げていれば気の緩みや集中力が途切れることがあるだろう。何球かは失投し、ホームランを打たれることもある。しかし野球では試合に負けても死ぬことはない。しかし、山では小さなミスでも時に命取りとなる。

けいさんと何度も話し合ってきたことがある。それは「けっして山では死なないこと」だった。毎年のように山仲間が一人、またもう一人と山で命を落としていく。そのたびに僕ら残された者は「俺たちは山では死なない」と小さな声で繰り返していた。同時に心の奥底で感じていた。「自分だけが守られているわけがない」ということも。ヒマラヤに向かうたびに「ひょっとすると、ひょっとするかもしれない」と感じる。そして仲間の死が、よりリアリティーをもって死と向き合わせる。「頭で感じる死」と「感覚で感じる死」とではまるで違う。死を感じれば感じるほどに死が怖くなる。山で仲間を失うたびに山が怖くなる。それでも山から離れられないのは、山ヤの悲しきさがなのかもしれない。

山を始めたころは仲間の遭難死に取り乱し、涙も流した。しかしいまでは「あいつも逝ってしまったのか」と、静かにその人の生き方に思いが向かう。そして失った分だけ感情が乾き、老け込んでいく。同時に、志半ばで逝った仲間の分まで生きなければならないとも感じる。僕らにとって「生きる」とは「山に登ること」なのだ。

人からよく「どうしてそこまでして山に登るのか」と問われるが、本当のところは本人にもわからない。ひとつだけわかっていることは、僕の中には乾いた穴のようなものがいくつもあるということだ。山に登ることでその穴を一つひとつ埋めようとしているのだと思う。山ヤとはそういう生き物なのかもしれない。けいさんの遠くを眺める眼差しから僕がけいさんの心の穴を感じていたように。

これから先、けいさんを失った底なしの喪失感とどのように向き合っていくべきなのか。これは残されたものに与えられた大きな課題である。けいさんの仲間たちはみな、その課題を背負い生きている。

平出和也さんは二〇一七年八月にパキスタンにあるシスパーレ（七六一一メートル）の北東壁の新ルートから再挑戦した。前回はけいさんと挑戦し敗退していたあのシスパーレ。けいさんとの再挑戦を誓い合っていた平出さんが再びシスパーレに向かったのだ。

テレビ放映されたが、次から次へと雪崩が襲いかかってくる極めて危険な状況が続く。そして悪天候のごくわずかな隙間を狙って山頂に突き進んでいく姿に「この状況で本当に突っ込むのか。ギリギリの線を超えている」と感じていた。同時に「これはけいさんの弔い合戦なのだろう」とも。そしてつかんだ山頂。彼は静かにけいさんの写真を山頂に埋めた。

そして和田淳二さんも同じくパンドラ（六八五〇㍍）への再挑戦に向け動き出している。二〇一五年にけいさんと挑戦したパンドラへのリベンジである。二〇一八年一〇月の再挑戦を目指しトレーニングを行っていた和田さん。しかし、東北の朝日連峰の沢で滑落。一命は取りとめたが足を開放骨折。単独山行であり、無線機も携帯電話もつながらない深い渓谷の中で一人長い間、身動きが取れないまま残された。このままではもうダメかなと覚悟を決めたころヘリに発見され無事に救助された。視界の利きにくい沢では、上空からも発見されにくい。奇跡の生還である。二〇一八年のパンドラへの再挑戦は延期となったが、しかし、パンドラへのリベンジは諦めていない。リハビリをしながら次の機会を狙っているのだ。

本書の著者である大石明弘君も、違った形でけいさんと向き合い続けた。けいさんの遭難から一年後、大石君から「けいさんについて書きたい」との相談があった。彼は僕の大学山岳部時代の後輩であり、学生時代からヒマラヤに挑戦し、けいさんともザイルを結んでいた。その大石君から「けいさんの生きてきた証を残したい」と。本職である家業の合間にけいさんのご家族や友人など関係者への取材、そして執筆。この一年間はそれこそ寝る間もないほどハードであったはずだ。作家でもない彼が、ましてや出版元も決まらないまま、たった一人で書き始める。生半可な気持ちや覚悟ではできない。大きなプレッシャーも感じていただろう。その姿は常軌を逸していた。

なぜそこまでして書くのかと大石君に尋ねた。

「僕はけいさんの背中を追いかけ続けてきたけれど、最後まで対等のパートナーとして付き合うことができなかった。けいさんの強さ、明るさは天性のもので、凡人の僕には手が届かなかった。たしかに一人で原稿と向き合うのは苦しいときもあります。登山家として無名な僕がけいさんの人生を書くことなど許されないのかもしれない。でも、『やってみなければわからないじゃん』とけいさんが僕の背中を押してくれていると感じるのです。これを書き上げれば自分は何か一つを超えられ、けいさんのパートナーとして、けいさんに認めてもらえるような気がするのです」

この一年間の大石君を眺めながら気がついたことがある。まるでけいさんの魂が大石君に乗り移ったかのようだった。血のにじむような努力により本書が誕生した。けいさんについて丸一冊書かれた最初の本である。

そしてさらに驚かされたのは、ヒマラヤから長いこと遠ざかっていた大石君から「和田淳二さんと一緒にパンドラに挑戦する」と告げられたことだ。パンドラへの挑戦には「かなりリスクがある。本当にやるのか」と投げかけたら「パンドラをやらないと僕の中でも納得ができないのです。パンドラでけいさんと向き合ってきたい」と。彼もまた山ヤであり、けいさんに魅了され、虜になったのだ。

この春、僕は三年ぶりにヒマラヤに戻った。約一カ月半、僕のザックの中にはけいさんの一欠片の遺骨が包まれていた。そしてマナスルが見渡せる草原にそっと埋めた。しばらくの間、けいさんと一緒にマナスルを眺めながら感じたことある。

僕はけいさんに恋をしていたのかもしれないと。異性として、人間として、いやそれらを超越した部分でけいさんに恋をしていたのだと。僕だけではない。平出さんも和田さんも大石君も、けいさんと関わった人はみな同じだと思う。

何故にけいさんへの思いが、これほどまで人生に大きな影響を与えるのか。本当は皆、けいさんのように生きたいのだ。けいさんの生き様に、諦めていたことさえ忘れていた部分があぶり出され、もう一度自分の人生を生きたいと心を激しく突き動かされるのだ。そう、ジリジリと一点を焼くような。
マナスルを見上げながら、けいさんに恥ずかしくない生き方したいと心の奥底から感じていた。

もう逃げない。
僕はマナスルを眺めながらもう一度、マナスルと向き合うことを決意していた。
太陽のかけらを心のポケットに忍ばせて。

けいさん、ありがとう。
今度は僕の番だよ。
それまでは。
また。

二〇一八年十一月一日

2006年	春	ネパール	マナスル(8163m)登頂
2007年	春	チベット	チョモランマ(8848m)登頂
	秋	メキシコ	エル・ビガンテ　登攀
2008年	春	アラスカ	ルース氷河にて5本のルートを開拓
	秋	インド	カメット(7756m)南東壁初登攀
	＊上記登攀が評価され翌年、日本人初並びに女性初ピオレドール賞を受賞		
	＊上記登攀が評価され翌年、読売新聞日本スポーツ賞受賞		
2009年	秋	パキスタン	キンヤン・キッシュ東峰(7400m)新ルート試登
	秋	チベット	ガウリシャンカール(7134m)北東壁新ルート試登
2011年	春	アラスカ	フランシス峰南西稜、カヒルトナクイーン西壁、登攀
			カヒルトナピーク東峰〜西峰縦走
	秋	チベット	ナムナニ(7694m)　南壁初登攀
2013年	秋	パキスタン	ディラン(7273m)登頂
	秋	パキスタン	シスパーレ(7611m)南西壁試登
2014年	春	アラスカ	ルース氷河にて4本の新ルートを開拓
	＊上記登攀が評価され、ピオレドール・アジア賞受賞		
	秋	ネパール	マンセイル(6242m)　初登頂
2015年	秋	ネパール	パンドラ(6850m)東壁　試登
	12月21日		北海道大雪山系黒岳(1984m)山頂付近から滑落。43歳。

この他、アドベンチャーレースでは多数の入賞。またトレッキングや登山を世界各地で行なった。

谷口けいプロフィール

1972年	7月14日　和歌山県生まれ
1979年	千葉県　我孫子市立我孫子第四小学校入学
1985年	千葉県　我孫子市立白山中学校入学
1988年	千葉県立小金高校入学
1990年	アメリカ・カンザス州のLions High Schoolに約1年間留学
1993年	明治大学文学部史学地理学科入学
	明治大学サイクリスツツーリングクラブへ入会
1996年	モロッコ自転車ツーリング
1997年	ニュージーランド南島自転車ツーリング
1998年	明治大学文学部史学地理学科卒業
2000年	京葉山の会へ入会
2001年	春 アラスカ　デナリ(6193m)登頂
	夏 伊豆アドベンチャーレース　優勝
	秋 ニュージランド　エコ・チャレンジ11位
2002年	春 ネパール　エベレスト(8848m)　野口健清掃隊参加
	秋 日本山岳耐久レース　女子3位
2003年	春 ネパール　エベレスト(8848m)　野口健清掃隊参加
	秋 グアム　エクストリームアドベンチャーレース　3位
2004年	夏 パキスタン　ゴールデン・ピーク(7027m)　北西稜初登攀
	秋 パキスタン　ライラ・ピーク(6096m)　東壁新ルート初登攀
	秋 コスタリカ　セントラルパシフィックチャレンジ　敢闘賞
2005年	夏 中国　ムスターグ・アタ(7546m)東稜第二登
	秋 インド　シブリン(6543m)北壁新ルート初登攀

燃え尽きぬ太陽のかけら（文庫本のためのあとがき）

大石明弘

「太陽」のようだった谷口けいの「かけら」を胸に抱いた私たちは、どのようにしてそれぞれの道を歩いていくのか？　本書の題名にはそんな意味を込めていた。

最終章では、けいの友人たちが彼女の死を受けて動き出す姿がある。だが彼らだけでなく、けいを知らなかった方々にとっても、この物語が新しい地平に向かって一歩を踏み出す力になればと思いながら書き上げたつもりだ。

けいや登山についてあまり知らずに本書を読んでくれた方のひとりに、小林元喜がいる。彼は野口健のマネージャーもしていたこともあり、けいや私とも一応の面識はあった。だが深い仲ではなく本書にも登場していない。小林には、完全に「一読者」として本書を手に取っていただいたかたちだった。

ところがその小林は、読後、それまでの自分の行動を大きく変えた。

それが引き金となり、カメラマンの平賀淳も動くことになる。

さらに、二人から私に派生した不可思議な「流れ」についてここでは書いてみたい。

小林は私より年齢がひとつ上で、二〇二二年現在、四十四歳。二十代、三十代で野口健事務所に入社と退社を繰り返すなかで、さまざまな職を転々とした。村上龍の元でも働くほど文学を愛し、サブカルチャーにも傾倒。夜は都心の怪しげなバーやライブハウスに通っていたようだった。当然スポーツにも、自然にも関心がない。私のように田舎で肉体労働者として働き続け、夜も時間があれば体を鍛えている肉体派とは、根本的に志向が違っていた。

小説を書くために野口健事務所を完全に離れたと聞いていたが、どこに行ったか知れず、作品ができたとの話も聞こえてこなかった。

その小林から『太陽のかけら』の発刊直後「大きなエネルギーをいただきました」「どのくらいの時間をかけて書き上げたのですか？」「何人の人に取材したのですか？」といった内容のメールが何通かきた。

それから三年後の二〇二二年三月、小林は、野口の評伝である『さよなら、野口健』（集英社インターナショナル）を発刊。小林が本をまとめていたことが、私には驚きだった。

その本には野口が『太陽のかけら』巻末の「解説」を寄稿したときのエピソードも描かれていた。野口は「解説」で、けいが登れて自分は登れなかったマナスルに再挑戦することをほのめかしている。だが野口の原稿には当初、マナスルのことが書かれていなかったそうだ。小林はこう言って野口に指摘する。「そんなことでははたして成り立ちますでしょうか？　と。久しぶりの入りこんだコミュニケーション。ついつい私のスイッチが入ってしまった（中略）私の指摘自体が非常に挑戦的だった」

おそらく、ここで小林は野口にではなく、自分自身に対して鼓舞していたにちがいない。「自分も動きださないままで、はたして成り立つのか？」と。サラリーマンになっていた小林は、それから毎朝四時に起き、出勤前に原稿に向かい続けたようだ。

そうして完成した『さよなら、野口健』は、野口の「内面」まで踏み込んだものだった。だが、それと同時に、小林の「内面」までが随所に描かれていることも見逃せない。進学校を中退したときや、初恋の相手と別れたときの心境。社会に出て思い悩み二度もうつ病で入院したこと。憎と愛が交錯した「恋愛」とも呼べる野口との関係……。小林の心理と行動を見せることで、野口との日々にも異様なリアリティーを持たせるものとなっていた。私にはここまでの筆力はないし、人間としての強さもない。小林は「あとがき」で他者への感謝を込め、こう書いている。

「人生の不可思議さに畏怖の念を抱いた。何かがわずかにズレていただけで、この本は生まれていなかった。所詮、自力でできることなどたかが知れているのだと痛感した。実感とすれば8割は他力だ。自力ではどうにもならない」

だが私は、この本は小林の「自力」の結果であり、彼の努力と才能の結晶なのだと、読後に思った。これでライターとしては大きく離されてしまったが、私はその舞台だけで闘っているわけではなかった。私には山があった。

本書の最終章で、けいが最後にトライして登れなかったパンドラに登ることを私は宣言している。その山のシミュレーションとして、発刊から半年後、アラスカのハンター北壁に鈴木啓紀と向かった。本書でけいのクライミングパートナーとして紹介されている鈴木とは、クライミング技術も、気持ちも、良いコンビネーションができていた。しかし、やまないチリ雪崩と悪天候で撤退。二人とも極限状態での下降だったが、氷河に降りたときに鈴木の言った言葉は「また来よう」だった。

再挑戦は、『さよなら、野口健』発刊の翌々月の五月にする予定になっていた。執筆で小林に感じてしまった劣等感は、ここで返すしかない。私は、鈴木と日本の氷壁を登り込み最終調整を行なった。そんなとき、東京のある映像制作会社から、

「『太陽のかけら』を映画化したい」

という電話をいただいた。その後、オンラインミーティングを重ねたが、制作時間も費用も莫大にかかるために、すぐにGOサインは下りなかった。だが私たちのハンター北壁の計画を知ったディレクターが、氷河まで同行取材をしたいと言ってきた。

「できればそれを先にドキュメンタリーの映画にしたい」

と彼は言った。そしてムービーカメラマンとして参加することになったのが、小林と同年齢の平賀淳だった。

平賀は、本書で書かれた「エベレスト清掃」や「マナスル登山」などにけいと同行しており、けいがエベレストに登った際は、同じ隊でカメラマンとして登頂。この数年間はＮＨＫの山岳番組を中心に活躍していた一流の山岳カメラマンである。今回は他の予定をキャンセルしてアラスカに来ることになった。

奇遇にも、その平賀と小林は同年齢というだけでなく、同じ山梨県生まれの幼なじみだった。小林を野口と引き合わせ、マネージャーになるきっかけを作ったのも平賀だった。ただ、インドア派で繊細さのある小林とは対照的に、超アウトドア派の平賀は野性味にあふれ、二人の性格は違っていた。


そんな平賀と私とははじめから気が合った。初めて会ったのは一八年前の二〇〇四年、私が二四歳、彼が二五歳のときだった――。

私は、大学山岳部で四年間過ごしたあと登山を専門とする出版社で働いていたが、そこを二年余りで辞めていた。そして地元静岡に戻り、ガスの配管工事の仕事についた。その直後、富士山で行なわれていた環境教育のキャンプに参加した義弟を迎えに行くと、そこにカメラマンとして平賀がいたのだ。初対面でもペラペラと冗談を言い続ける彼に、カメラマンよりもお笑い芸人に向いているというのが第一印象だった。そこから私は時折、彼のアシスタント仕事をするようになった。

そこにけいも来ることがたびたびあり、そこで私は彼女と親しくなっていった。新宿のホストを連れて岩山の頂上でシャンパンタワーを立てたり。極寒の雪山でなぜか冷たいビールの撮影をしたり。国内最難のアドベンチャーレースに参加したけいを追いかけたこともあった。機材は重く、悪天候の日もあったが、撮影現場はいつも笑いに満ちていた。

二〇〇六年には、スイスアルプスの四〇〇〇m峰へ。三人で針峰群を撮影した。帰りの機上、私が疲労と達成感に包まれる一方、平賀はもう次の企画を練っていた。「大石は次に何がしたい?」。翌日からの業務のことを考えていた私は、その言葉に生返事をしていた。そのとき平賀が、ふいに鋭く言った言葉が忘れられない。

「勢いがなくなったら、青春は終わりだぞ」

その言葉どおり、翌年、彼はけいとエベレストに向かい、世界最高所からの風景をハイビジョンカメラに収めたのだ。それ以後、彼が収めた山岳映像は、大手のテレビ会社で次々と放映されることになる。山岳カメラマンとしての仕事はいよいよ本格的なものとなり、私が手伝えることはなくなっていった。

平賀と久しぶりに会ったのは、けいが死んでしまってから一年が過ぎたときだった。けいの記録をまとめたいと私が言うと、

「やるんだったら開高健賞をとるくらいの気合いで書かないと。お前ならできる」

と平賀は言った。雑誌のモノクロページしか書いたことがなかった私が三〇〇ページを超える単行本を書くことができたのは、平賀のその一言が大きかった。

アラスカ出発前に多忙な平賀と会うことはなく、成田空港での再会となった。そこでさっそく小林が書きあげた『さよなら、野口健』の話をしてみた。前述のように平賀は小林と同級生である。そして、小林が野口健事務所で働いていたときは、撮影業務で何度も打ち合わせをしていたはずである。

にもかかわらず、平賀は「読んだよ。良かったよね」と言うだけだった。やはり平賀は過去を回想する「物語」の人ではなく、現場でその時々のベストショットを撮ろうとする「映像」のプロなのだ。そのときは、そう思っていた――。

十分な遠征期間をとれなかった社会人クライマーの鈴木と私は、日本出国から四日

後には氷河に降り立っていた。鈴木と私が立てた計画は、低温で雪が締まり、壁の状態の良くなった夜間からスタートするというものだった。

準備を終えると、夕暮れの山々は輝きを失い、北壁は威圧的な表情をより濃くしていた。ビデオカメラを向ける平賀に、登攀前の気持ちを話した。

「週末クライマーにも満たない僕が、この壁を登ることは、常識的に見れば『無謀』だと思います。でもけいさんは、自分と山だけを見て、登れる場所を探して登りなさいと言っていた。その視点で壁を見た時、山頂まで繋げられるラインが見えました。自分で引いてしまっていたちゃちな境界線を飛び越えて、その向こう側で楽しんできたいと思います」

いま思えば、ずいぶんと芝居じみたその言葉も、平賀は頷いて聞いてくれた。

敗退した前回も感じたことだったが、登り始めてみると壁のスケールは日本とは桁違いだった。そして中間部の岩と雪のミックスは、「本当にこんなところを登るのか？」と鈴木と会話を交わしたほど、強い傾斜があった。

二四時間が経過したところで、二人が腰かけられるだけのスペースを切り崩してビバーク。すでに平賀の撮影用のテントは、遥か眼下に点のように小さくなっていたが、頭上の山頂はまだ遥か彼方だ。何とかして体力を回復させて上を目指さなくてはならなかった。しかし厳しい寒さに二時間も寝ることができない。

翌日、壁の最上部では、氷がほとんどなく、難しい岩登りに。白夜の長い一日が、一気に過ぎていく。三度目の夜も急峻な雪を切り崩し、二時間ほどの仮眠。寝る間際に見た夕暮れの山が、仮眠後にはもう朝日に輝いていた。その極北の異質な時空が、限界を超えた自分の力を引き出してくれる気がした。

しかし、その力も硬さを増した氷に吸い取られていく。壁の終わりが果てしなく遠くに感じた。それでもジリジリと高度を稼ぎ、なんとか壁を抜けられた。が、山頂はまだ見えなかった。愕然として、雪面に鈴木と倒れ込む。「壁の完登」はできたのだ。その成功を手に、そこから下降するのが賢明な判断だったと思う。だがそのとき、登攀前に自分が言った言葉が思い出された。

「けいさんは、自分と山だけを見て、登れる場所を探して登りなさいと言っていた。その視点で壁を見たとき、山頂まで繋げられるラインが見えました」

その言葉の向こうで頷いている平賀がいる。その残像が見えたとき、「行くべきだ」そう強く思った。鈴木との会話は、ポジティブなものへと変わっていった。

翌日、私たちは山頂を目指して長い雪稜を登っていた。眼下には圧倒的なスケールで極北の山々が乱立していた。　天気予報に反し、空は海のように深い青空が広がり、風もなかった。凍てつく無音の世界で、私たち二人だけが空と大地の間を歩いていた。山頂直下で鈴木は「先に行ってくれ」と言った。

頂上の向こう側には、そこにも氷の峰々が、弧を描いた水平線の彼方まで続いていた。かみしめるように、ゆっくりと登ってきた鈴木も山頂に立ち、こう言った。

「山頂の下で、けいちゃんや、アラスカで亡くなった友人たちのことを思い出していたんだ……」

彼らが見てきたものと同じ光景をいま私たちは見ているのだろうか。

下山は、反対側の急峻な尾根をとった。翌日、平賀の待つベースキャンプに向け白い氷河を黙々と何時間も歩く。キャンプに近づくと安堵感のなか、私は「平賀さん！帰ってきたよ」と大声で言った。しかし、テントから出てきたのはアシスタントの若者だけだった。彼は、泣きながら言った。

「平賀さんが、一昨日の夜にクレバスに落ちてしまって……」

私は、返す言葉が見つからなかった……。

日本に戻ると、初夏の蒸し暑い空気が街を包んでいた。平賀のお葬式では、小林が弔辞を詠んだ。十代のころの想い出にはじまり、社会人になっても折に触れ、夢を語りあっていたことが話された。慟哭の後、『さよなら、野口健』を書いていたときの話を小林は話しはじめた。その内容は、思いもよらぬものだった。

「淳はずっと僕の隣で伴走してくれたね……。何度も何度も原稿を読んでくれて、きわめて示唆に富んだ具体的なアドバイスをしてくれた。僕は淳に編集協力のお金を払わなきゃいけなかったね。そのくらい一生懸命で誠実で鋭い指摘だった……。人間をどう描くか、についてとことん議論した。そのやり取りは平賀淳という人間を知る旅でもあったよ……」

全然知らなかった……。空港で平賀は「読んだよ」としか言っていなかった。しかし、編集にまで関わっていたのだ。瞬間を切り取る撮影の人ではなく、長い物語を創る人だったのだ。だとしたら、彼が狙っていたものは……。


しばらくしてから、私は小林に会いに行った。二人でじっくりと話をするのは初めてだった。小林は『太陽のかけら』に触発されて、原稿を書き始めたことを率直に話してくれた。

できあがった初稿は、すぐに平賀さんに送ったという。いつも明るく、ノリのいい平賀である。賞賛されると思いきや、この話には「既視感」しかない、と言ってきたという。こんな美しいだけの話は、もうみんな知っているし、誰も読まないよ。お前は野口さんとの関係で苦しんでたんじゃないのか？　そういう人間のどうしようもないところとか、カッコ悪いところがおもしろいんじゃないのか？　平賀はそんなふうに酷評したという。

小林は、何度も、何度も、原稿を書き直すことになる。そのたびに平賀は、具体的なアドバイスをし、小林と野口の人間像は詳らかに描かれていくことになった。

そのように「伴走」をしていた平賀は、小林の書く物語に触発され、次の何かを狙っていたにちがいない。それは何だったのか？　私が予想していたことを小林は明確に言葉にしてくれた。

「淳は、もともとは映画をつくりたいといった夢を持って上京したんですね。映画は淳の長年の夢であったことは間違いない。大石さんのアラスカもそれが映画になる可能性があったから行ったわけで、ただの風景の撮影だったら行ってなかったはずです。だから次の大石さんのパンドラへの挑戦にも間違いなく一緒に行くつもりだったと思います」

振り返れば、物事の波動が、次の波動を誘発し、次から次へと連鎖していた。

けいの物語と平賀の存在があったから『さよなら、野口健』は生まれた。そしてその本に刺激された私はハンター北壁へ向かった。そこにはけいの物語も背景にあったから、映画にできる可能性もあった。だから平賀さんはそこに同行した。そして、おそらく、その先のパンドラの撮影も視野にいれていた――。過去から未来に向けて一連の流れがそこにはあった。

だが、もしも、私がアラスカに行かなければ、その流れは途切れ、平賀が死ぬことはなかった……。いや、それ以前に出会わなければよかったのだ……。小林の話を聞いた直後は、そう煩悶することもあった。しかし、その思考を打ち消し、こう思った。その先にある運命や理不尽さを嫌い、人との出会いをやめることなどできるのか、と。人と人が交錯することなく人生が躍動することなどあるのか、と。

北壁を抜けたあのとき、けいや平賀のことを思い出さなければ、私は山頂には行けず、あの荘厳な峰々の広がりを見ることはなかった。そもそも彼らに出会っていなければ、アラスカに行くことも、山を続けることもなかっただろう。

『太陽のかけら』を読み返す。やはりけいもまた、人との出会いがあったからこそ、新たな地平に向かって歩き続けることができたのだ。

小林は「自力でできることなどたかが知れているのだと痛感した。実感とすれば8

割は他力だ」と書いていた。本当にそう実感したのだろうと、いまは思う。私もその「他力」でハンターに登頂したのだから。

けいの生涯を描き、平賀の死を目の当たりにしたことで、私は彼らから直截的な影響を受けた。かけがえのない彼らの死は悲しいけれど、ある種の力も私に与えてくれた。現在の私はかつての自分ではない。彼らの魂の「かけら」を取り込んだ自分こそが、自分自身だ。だからその私が、けいが挑戦し、平賀が来てくれるはずであっただろうパンドラに行くのは、自然な流れなのだ。

そこに登らないということは、彼らが創ったこれまでの物語を否定することになる。そして自分は行動できなかったという後悔しか残らない。もちろん山頂に立ったところで社会的な賞賛などは得られず、むしろ無意味で危険なものと映るだろう。しかし私にとってその山頂からの光景は、あまりに壮大で、圧倒的な物語をはらんだものになるにちがいない。

その山を越えてからも、私は社会が作りだした価値観や固定観念に従うのではなく、繋がりある人々が与えてくれた流れに乗り、先へと進んでいくのだと思う。

人生は一度きりだ。心を合わせた人が導いてくれた場所に向かって、思い切って踏み出していきたい。

＊本書は二〇一八年に山と溪谷社より刊行された『太陽のかけら ピオレドール・クライマー 谷口けいの青春の輝き』を底本とし、「文庫本のためのあとがき」を加筆、改題して再編集したものです。

写真＝平出和也、柏倉陽介、鈴木啓紀、國部りえ、鈴木勝己、須藤ナオミ、伏見幸希子、久保田亜矢、和田淳二、平賀 淳、大石明弘(順不同)
カラー口絵扉(1ページ)写真＝柏倉陽介(『PEAKS』2012年4月号の取材で自宅近くの公園にて)
本文フォーマットデザイン 有限会社エルグ（川尻裕美）
校正＝山本修二
編集＝萩原浩司(山と溪谷社)

太陽のかけら
アルパインクライマー　谷口けいの軌跡

二〇二三年二月二〇日　初版第一刷発行

著　者　大石明弘
発行人　川崎深雪
発行所　株式会社　山と溪谷社
郵便番号　一〇一-〇〇五一
東京都千代田区神田神保町一丁目一〇五番地
https://www.yamakei.co.jp/

■乱丁・落丁、及び内容に関するお問合せ先
山と溪谷社自動応答サービス　電話〇三-六七四四-一九〇〇
受付時間／十一時～十六時（土日、祝日を除く）
メールもご利用ください。
【乱丁・落丁】service@yamakei.co.jp
【内容】info@yamakei.co.jp
■書店・取次様からのご注文先
山と溪谷社受注センター　電話〇四八-四五八-三四五五
ファクス〇四八-四二一-〇五一三
■書店・取次様からのご注文以外のお問合せ先
eigyo@yamakei.co.jp

印刷・製本　大日本印刷株式会社
定価はカバーに表示してあります

Printed in Japan ISBN978-4-635-04966-5